Alírio de Cerqueira Filho

Terra

Um mundo de regeneração e você

Alírio de Cerqueira Filho

Terra

Um mundo de regeneração e você

EDITORA
ESPIRITIZAR

Cuiabá, 2012

Dados Internacionais de Catalogação na Publicação (CIP)
(Câmara Brasileira do Livro, SP, Brasil)

Cerqueira Filho, Alírio de
    Terra : um mundo de regeneração e você / Alírio
de Cerqueira Filho. -- Cuiabá : Editora Espiritizar,
2012.

    Bibliografia.
    ISBN 978-85-65109-01-7

    1. Espiritismo 2. Humanidade 3. Jesus Cristo -
Interpretações espíritas 4. Terra (Planeta) -
Regeneração 5. Transição planetária 6. Vida
espiritual I. Título.

12-00140   CDD-133.901

Índices para catálogo sistemático:
1. Humanidade terrestre : Regeneração : Doutrina
espírita 133.901

ESPIRITIZAR

Conselho editorial
Luiza Leontina Andrade Ribeiro
Lacordaire Abrahão Faiad
Saulo Gouveia Carvalho

Coordenador da editora
Rafael Grechi Reis

Revisão
Ana Paula Soares Bartholomeu

Editora Espiritizar – Federação Espírita do Estado de Mato Grosso
Av. Djalma Ferreira de Souza, 260 Setor Oeste | Morada do Ouro
Cep. 78.055-170 – Cuiabá-MT | Tel. (65) 3644 2727
www.editoraespiritizar.com.br | editora@espiritizar.org

SERVIÇO EDITORIAL Central de Texto
Coordenação Maria Teresa Carrión Carracedo **Produção** Ricardo Miguel Carrión Carracedo
Projeto gráfico e chefia de arte Helton Pereira Bastos **Diagramação** Robinson Marcelo Borborema
Imagem da capa Vectomart | shutterstock
Endereço Av. Senador Metello, 3.773, Jardim Cuiabá – Cep. 78.030-005 – Cuiabá-MT
Telefax: (65) 3052 8711 / 3624 5294 | www.centraldetexto.com.br | editora@centraldetexto.com.br

Apresentação

Neste livro desenvolveremos o assunto que está em voga em nossos dias, que diz respeito à fase de transição pela qual o nosso planeta está passando.

Em nosso Movimento Espírita, há três abordagens distintas do tema transição planetária.

Para os céticos, muito do que diz respeito à grande transição planetária é ilusório. Para esse grupo, as coisas não vão se transformar; ao contrário, vão piorar e somente em muito longo prazo poderão melhorar.

Por seu turno, os místicos creem que tudo vai se transformar de modo sobrenatural, até com processos de derrogação das leis que regem o Universo. Entre eles estão aqueles que acreditam que um planeta virá para "chupar" os maus da Terra.

Há um terceiro grupo: o de pessoas não céticas nem místicas, que refletem sobre os textos evangélicos e os existentes nas obras básicas kardequianas, e que acreditam na transformação gradativa do planeta para melhor, especialmente pela transformação moral de seus habitantes, bem como pela transformação física, dentro dos critérios naturais em que o planeta está inserido.

Estamos no terceiro grupo, e este livro é o resultado de reflexões realizadas a partir de textos contidos no Evangelho de Jesus, nas obras básicas Kardequianas e em obras subsidiárias idôneas, que abordam o importante momento da Humanidade terrestre, no qual estamos sendo convidados a um processo de transformação interior para permanecermos na Terra regenerada. O convite é para todos nós, encarnados, e para toda a população desencarnada do planeta.

Em nossa sociedade, vivenciamos momentos apocalípticos, que são muito difíceis, mas que trazem uma esperança de renovação e de transformação muito grande.

O planeta inteiro está passando por uma reforma. Quando fazemos uma reforma em nossa casa, sem dela nos mudarmos, o que acontece? Durante o tempo em que a casa está em reforma sentimo-nos em uma situação muito pior do que a anterior às mudanças. Sentimo-nos em uma situação catastrófica: muitas vezes a casa está toda cheia de entulhos e de poeira, os móveis estão fora de lugar... Mesmo assim, muita gente faz reformas em suas casas, permanecendo nelas, pois não tem condições financeiras de se mudar para outro lugar e só retornar depois de concluída a obra.

Por que fazemos reformas em nossas casas? Porque queremos morar em uma casa melhor, e as obras, mesmo com todos os contratempos gerados, nos proporcionarão uma habitação melhor, após a sua conclusão.

Guardadas as devidas proporções, exatamente a mesma coisa está acontecendo com o nosso planeta, que está sendo reformado para dar guarida a uma Humanidade também renovada. Ele está sendo reformado em todos os sentidos, em sua estrutura física, mas, principalmente, nas questões morais dos habitantes do planeta.

Neste livro, veremos como nos inserirmos nessa reforma – desde a forma passiva, esperando as coisas acontecerem, até uma forma eminentemente proativa, em que nos colocamos como instrumentos úteis dos Benfeitores espirituais nesta grande transição.

O momento que estamos vivendo diz respeito a mim, a você, a todos nós que estamos neste planeta em fase de transformação para se tornar um mundo de regeneração.

O autor
Cuiabá, janeiro de 2012

Apresentação   9

1   Os tempos são chegados: a regeneração da terra   13

2   A grande transição   53

3   As condições atuais do planeta   75

4   As migrações planetárias   93

5   Os flagelos destruidores e a transição planetária   111

6   O papel do consolador na regeneração do planeta   119

Referências bibliográficas   145

1
Os tempos são chegados: a regeneração da terra

No *Novo Testamento* constam o "Apocalipse", de João, que é o último livro da obra, e o capítulo 24 do "Evangelho de Mateus", considerado pelos estudiosos o pequeno Apocalipse.

No texto registrado por Mateus Jesus faz previsões acerca do final dos tempos, que muitos confundem com o fim do mundo. Jesus, contudo, não falou em fim do mundo, mas em final dos tempos de iniquidade e início de uma nova fase para a Humanidade.

Começaremos os nossos estudos pelo capitulo 24 do "Evangelho de Mateus", que aborda as profecias de Jesus a respeito da transição planetária. Já no versículo 3, os discípulos perguntam a Jesus sobre os dias que estamos vivendo: ***"E estando assentado no monte das Oliveiras chegaram-se a Ele os seus discípulos em particular dizendo: Dize-nos quando serão estas coisas e que sinal haverá da tua vinda e do fim do mundo?"***

Os discípulos perguntam "quando serão estas coisas e que sinal haverá da tua vinda e do fim do mundo?" Muitos entendem esse fim do mundo como sendo a destruição do planeta, mas as pessoas que interpretam o Evangelho de Jesus ao pé da letra, como popularmente se diz, acabam incorrendo em graves erros. Veremos, adiante, que não é o planeta que será destruído, já que em vários outros versículos Jesus nos vem falar de condições muito melhores do que as que estamos vivenciando, no momento, no orbe.

Se Jesus diz que ***os mansos herdarão a Terra***, a sua destruição é, portanto, inadmissível perante as leis divinas, regidas pelo amor, justiça e caridade, que formam a lei maior que gera todas as demais. Uma Terra pacificada, prestes a se tornar mundo de regeneração, como se percebe, não se destina à destruição. Não se trata, pois, do fim do planeta, mas sim de uma etapa evolutiva.

Em resposta à pergunta dos discípulos, Jesus aponta quais seriam os sinais dessa transição, do fim de uma fase e início de uma nova era.

24:4 e 5 – Jesus respondendo disse-lhes: Acautelai-vos, que ninguém vos engane, porque muitos virão em meu nome dizendo: Eu sou o Cristo; e enganarão a muitos.

Este é o primeiro dos vários versículos do capítulo, em que Jesus recomenda cautela, porque no final dos tempos muitas pessoas dirão que trabalham em nome d'Ele, ou tentarão se fazer passar pelo Cristo para enganar.

O que estamos vendo em nossos dias, em qualquer cidade nos países de maioria cristã? Os chamados falsos cristos e falsos profetas. Hoje se vê, nos pontos mais importantes de qualquer cidade, igrejas de várias denominações, nas quais se fala muito de Jesus, mas nas quais, de postura cristã, se tem pouco ou nada. Algumas instituições se transformaram num verdadeiro comércio, umas apresentando, inclusive, franquia, como se fossem um negócio qualquer. A comercialização do nome de Jesus e a enganação dos incautos o próprio Cristo previu.

Chegamos a um momento da história da Humanidade em que as questões sagradas se tornaram artigos comerciais, até mais do que na época da venda das indulgências pela Igreja Católica, fato que deu início ao Protestantismo com Martinho Lutero.

Quem são esses enganadores? São pessoas que estão nas falsas igrejas cristãs iludindo muitos incautos. São certos Espíritos desencarnados, ou falsos profetas da erraticidade, conforme informado na comunicação de Erasto, no capítulo XXI, "Haverá falsos Cristos e falsos profetas", de *O Evangelho segundo o Espiritismo*, que se utilizam de muitos médiuns psicógrafos fascinados para repletar o Movimento Espírita de falsos livros doutrinários.

Esses enganadores, presentes tanto na dimensão física quanto na espiritual, são aqueles que dizem que estão trabalhando em nome de Jesus, mas que estão simplesmente enganando aqueles que não se acautelam e que não entram em um processo de reflexão íntima acerca das verdades espirituais.

24:6 – E ouvireis de guerras e de rumores de guerras; olhai, não vos assusteis, porque é mister que tudo isso aconteça, mas ainda não é o fim.

Jesus anuncia muito claramente que vivenciaríamos, na grande transição da era velha para a era nova, guerras e rumores de guerras. Se estudarmos a história da Humanidade desde a segunda metade do século XIX, quando o Consolador prometido chegou à Terra, em 1857, até hoje, veremos que houve uma infinidade desses conflitos. Somente no século XX, duas grandes guerras mundiais foram realidades que a Humanidade nunca havia presenciado.

Hoje, em pleno século XXI, não há um dia sequer sem rumores de guerra em várias partes do planeta, sem contar as várias batalhas em andamento, civis ou militares. Contudo, Jesus diz para não nos assustarmos, porque *ainda não é o fim*.

24:7 – Porquanto se levantará nação contra nação, e reino contra reino, e haverá fomes, e pestes, e terremotos, em vários lugares.

As guerras, em sua maioria, são de uma nação contra outra, um reino contra outro.

A questão da fome é uma calamidade pública. A Humanidade nunca produziu tanto alimento como atualmente, contudo nunca houve tanta fome no planeta. Há previsões sombrias de escassez e de aumento no preço dos alimentos, deixando populações inteiras a perecer de fome.

As pestes, de que Jesus fala, são as doenças, não necessariamente só as infecciosas. Doenças que a Humanidade tinha praticamente debelado, como a tuberculose e a hanseníase, a lepra tão temida na época de Jesus, retornam com força total, principalmente nos países mais pobres. Novas enfermidades, como a AIDS, surgiram e surgem constantemente. Os males de caráter emocional, como a depressão, têm se tornado verdadeiras pandemias.

E os terremotos? Os terremotos têm aumentado em número e intensidade, como vários cientistas têm divulgado. Em 2010 houve vários deles, sendo os dois maiores no Haiti e no Chile. Em 2011, um terremoto no Japão foi seguido do tsunami que devastou parte do país.

Pode parecer que tudo isso esteja acontecendo de forma fortuita, mas não está. Jesus planejou tudo isso há milhares de anos, para que a Terra fosse preparada também fisicamente para a era de regeneração. Nesse planejamento, escora-se a previsão que Ele fez há dois mil anos.

Os acontecimentos físicos planejados fazem parte dos ajustes e das preparações do mundo de regeneração, o qual não contará mais com terremotos, furacões, tornados, inundações e outras catástrofes naturais e próprias de planetas primitivos ou de expiações e provas. No planeta de regeneração, também as expiações cessarão.

24:8 – Mas todas essas coisas são o princípio das dores.

Neste versículo, Jesus coloca que as provações coletivas causadas pelos flagelos destruidores são apenas o princípio das dores. Em comunicação recente, recebida em 11 de setembro de 2011 pelo querido médium Divaldo Franco, ao final da 58ª. Semana Espírita de Vitória da Conquista, Dr. Bezerra de Menezes reporta-se ao aumento do sofrimento para a Humanidade e à importância de todos nós espíritas, como os trabalhadores da última hora, nos engajarmos num movimento para minimizar essas dores, conforme veremos no capítulo 6. Segue fragmento da mensagem:

> [...] Sois os embaixadores da Era Nova!
> Jesus elegeu aqueles setenta da Galileia, e os mandou, dois a dois, para que divulgassem o Reino. Agora vos conclama, a todos vós, para que proclameis o Reino da Concórdia, a Era da Misericórdia, o Momento da Construção do Mundo Novo.

Não tergiverseis, não vos permitais a sintonia com a onda avassaladora que toma conta da Terra nesta transição de loucura.

Por certo, as aflições tendem a piorar e o homem moderno, rico de tecnologia e pobre de amor, sentirá falta das questões simples, da amizade pulcra, da bondade fraternal, do sorriso espontâneo... e terá que fazer a viagem de volta, infelizmente, através das lágrimas.

Evitai, portanto, que isso aconteça e semeai a esperança, a alegria de viver, a irrestrita confiança em Deus, que nos orienta, através de Jesus, que prossegue conosco, até o fim.

Ele disse que nunca nos deixaria órfãos. Os seus embaixadores estão entre nós conosco e auxiliam-nos na grande arrancada para o Mundo de Regeneração.

Filhos e filhos e filhos, filhas e filhas e filhas da alma! A Paz.

Não vos importe a ausência da resposta do amor, disputai a honra de amar.

Sede vós aqueles que semeiam os formosos Dias do Porvir.

Exultando pela honra de haverdes sido convidados à hora última para a Seara do Bem! [...]

24:9 – Então, vos hão de entregar para serdes atormentados e matar-vos-ão; e sereis odiados de todas as gentes por causa do meu nome.

Aqueles que trabalham verdadeiramente em nome de Jesus ainda são odiados por muitas pessoas, especialmente por seus falsos seguidores. Muitos discípulos fiéis ao Mestre, nesta fase da grande transição, ainda são apedrejados moralmente, odiados, caluniados...

24:10 – Nesse tempo, muitos serão escandalizados, e trair-se-ão uns aos outros, e uns aos outros se aborrecerão.

Ao mesmo tempo em que estamos vendo todo o planeta ser preparado fisicamente, percebemos todo um descalabro moral, que são os escândalos.

Diariamente os jornais, a televisão, as revistas noticiam escândalos e mais escândalos, não apenas em nosso país, mas no mundo todo, gerando aborrecimentos vários. Acontecem traições as mais diversas, individuais e coletivas. Muitas vezes nos perguntamos onde isso tudo vai parar. Parece que tudo toma uma dimensão muito maior do que de fato tem, pois a mídia noticia os fatos à exaustão.

É importante refletir sobre essa profecia de Jesus para podermos aquietar a mente a fim de não ficarmos desesperados com o lixo produzido pela sociedade.

O importante, nestes dias tumultuados que estamos vivendo, é manter a confiança em Deus e em Jesus, pois as ocorrências foram previstas por Jesus. No momento, é como se uma espécie de *furúnculo* social que envolve toda a Terra está sendo drenado. Se olharmos todo a supuração que está saindo do *furúnculo* ficaremos horrorizados e acreditaremos que tudo está ficando pior; mas se tivermos uma percepção real e mais ampliada dos fatos compreenderemos que a piora é apenas aparente, pois uma vez drenado o *furúnculo* a saúde social aumentará.

24:11 – E surgirão muitos falsos profetas e enganarão a muitos.

Mais uma vez Jesus fala dos falsos profetas, fato que presenciamos a cada dia. Mais e mais pessoas, encarnadas ou desencarnadas, prosseguem enganando outras, usando o nome de Jesus e de Deus, tanto fora quanto dentro do Movimento Espírita.

O que vemos nas falsas igrejas cristãs são os falsos profetas iludindo milhares de pessoas. É claro que se existem os enganadores existem aqueles que querem ser enganados. Acreditam-se espertos ao comprarem assim a entrada no Reino dos Céus.

No Movimento Espírita, há também os Espíritos enganadores e os seus médiuns, que juntos ludibriam aqueles que se deixam iludir por falta de estudo das bases doutrinárias, especialmente o pentateuco kardequiano, e de aprofundamento no conhecimento espírita, conforme orienta Allan Kardec.

24:12 – E, por se multiplicar a iniquidade, o amor de muitos se esfriará.

O conteúdo deste versículo é muito grave. São poucas as pessoas que conseguem compreender que o planeta está melhorando, como dissemos acima. A maioria, inclusive muitos espíritas, acredita que a situação está piorando devido à grande iniquidade observada em nossos dias. Em consequência, o amor de muita gente tem sido colocado à prova e muitos têm se decepcionado, esfriando o sentimento.

Muitas pessoas, cada vez mais desesperançadas em relação ao futuro, devido ao excesso de iniquidade, perguntam-se se vale a pena amar, já que todo mundo está praticando perversidades, maldades, havendo mesmo a massificação da divulgação do mal pela mídia. Será mesmo que está todo mundo praticando iniquidade? Não! Muitas pessoas, em todas as áreas, estão se dedicando a essas práticas, mas muitas outras estão fazendo o bem e vivenciando o amor ao próximo.

Como dissemos ao comentarmos o versículo 12, estamos vivendo um momento em que todo o planeta está convulsionando, como um furúnculo que está drenando a podridão acumulada, exalando uma matéria malcheirosa. Não quer isso dizer que o planeta esteja pior. Se olharmos de uma forma superficial, parecerá mesmo pior, mas se tivermos uma visão mais larga e mais profunda enxergaremos que está melhor.

Devido à banalização da violência e outras iniquidades, muitas pessoas tendem à indiferença em relação ao sofrimento dos outros. Por isso é fundamental meditarmos sobre o significado desse versículo, para desenvolvermos a necessária compaixão pelos outros. Se o amor esfria em nossos corações, nós mesmos somos prejudicados, pois ele é o principal sentimento que podemos cultivar tanto por nós como pelo nosso próximo. Se o deixamos esfriar, como diz Jesus, sentiremos um vazio interior muito grande. O sofrimento que chega ao outro e aos seus entes queridos pode também chegar a nós e aos nossos entes. Certamente não gostaríamos de ser tratados com indiferença.

24:13 – Mas aquele que perseverar até ao fim será salvo.

Este versículo está intimamente relacionado com o anterior. O que entender por perseverar até o fim para ser salvo? Perseverar em quê? Na prática do bem e no cultivo do amor. O processo de salvação acontecerá em nível individual, a partir do processo de autotransformação, por meio do qual nos tornaremos pessoas melhores, brandas e pacíficas, para assim nos salvarmos do risco do exílio num outro planeta, permanecendo na Terra renovada, conforme Jesus fala no Sermão da Montanha: "Bem-aventurados os brandos e pacíficos, pois eles herdarão a Terra."

Aquele que perseverar até o fim se libertará das iniquidades. Todos somos convidados ao trabalho no bem, por amor a Jesus, para sentirmos dentro de nós esse amor, percebendo, então, que vale a pena amar. Por isso, é importante perseverar até o fim para fazermos jus a permanecer na Terra renovada, do contrário se o nosso amor esfriar, ou se também nós praticarmos iniquidades, seremos exilados em um planeta compatível com o nosso parco desenvolvimento, conforme veremos mais adiante.

24:14 – E este evangelho do Reino será pregado em todo o mundo, em testemunho a todas as gentes, e então virá o fim.

Este versículo é extremamente simbólico. Se interpretado de forma literal, a mensagem de Jesus se torna incongruente. Vejamos: não seria absurdo, depois de o Evangelho ser pregado a todas as gentes, acontecer o fim do planeta? A ideia só pode ser outra: o fim a que se refere Jesus não é relativo ao mundo, mas ao término de uma era e início de uma nova. O fim é o das iniquidades, dos descalabros morais da era velha; o início é o de uma nova era de amor, de paz para todo o planeta, com a Humanidade centrada nas lições do Evangelho de Jesus. Poderíamos resumir esses ensinos em dois grandes princípios cristãos: amar a Deus sobre todas as coisas e ao próximo como a si mesmo e fazer aos outros aquilo que gostaríamos que eles nos fizessem.

O fim virá quando o Evangelho do Reino estiver sendo pregado para toda a gente na forma do Consolador Prometido por Jesus. Esse Consolador é a Doutrina Espírita, que tem por objetivo maior nos levar a reviver a Boa Nova trazida por Jesus, em espírito e verdade, pura e simples, tal como Ele nos legou.

Com o advento dos meios de comunicação modernos, como a internet, hoje a Doutrina Espírita está, ainda que de forma incipiente, disseminada pelo mundo. São muitos os países, por exemplo, onde Divaldo Franco, um dos maiores divulgadores do Espiritismo nos nossos dias, tem falado anualmente.

É claro que essa propagação do Espiritismo ainda não se dá na intensidade desejada, contudo representa uma revivescência do Cristianismo de uma forma mais fiel aos seus postulados, marcando o fim de uma era e o início de outra.

Mesmo em outras religiões cristãs sérias as pessoas já começam a despertar para a realidade da transição planetária, passando a se importar realmente com a mensagem de Jesus e não se limitando à interpretação literal do Evangelho.

Sabemos que a transição não será abrupta, pois todo processo de mudança é paulatino, demorado. Sua conclusão, porém, se dará, como vimos, quando o Evangelho do Reino for pregado em todo o mundo. Em outras palavras, quando os valores cristãos estiverem sendo exercitados em nossos corações, em espírito e verdade. Segundo Joanna de Ângelis, a implantação do Reino de Deus na Terra se dará no terceiro milênio, e isso significa que teremos mil anos para realizar esse mister.

O grande compromisso, enfim, instigado por esse versículo, é o de nos autoevangelizar para que o planeta também se evangelize a partir de nosso exemplo de amor.

24:15 – Quando, pois, virdes que a abominação que causa desolação, de que falou o profeta Daniel, está no lugar santo (quem lê, que entenda),

A perversidade, a tirania, a maldade se multiplicam, na atualidade, em níveis jamais vistos. Pela previsão do profeta Daniel, a desolação atingirá um nível abominável, e Jesus nos diz que acontecerá no *lugar santo*.

Que coisa abominável é essa que é realizada num lugar santo? Vejamos, primeiramente, o que vem a ser um lugar santo. Certamente um lugar onde se fala de Deus, de Jesus e do Evangelho, tal como as igrejas, os templos. O abominável está no fato de, nesses lugares, em vez de, verdadeiramente, se falar do amor, da transformação interior pelo esforço no bem, se vem falando de Deus e de Jesus, mas com o fim de se auferir proventos financeiros. Isso não é, de fato, uma das coisas mais abomináveis que se podem fazer? É a essa triste realidade que Jesus se refere ao falar das falsas igrejas cristãs que comercializam as coisas sagradas. A atitude é francamente prática abominável e se configura num dos indícios preconizados do final dos tempos.

Essa reflexão também é válida para muitos Centros que se dizem espíritas, mas que de Espiritismo não têm nada. Em muitos deles se pratica o mediunismo mistificado, com promessas de cura dos males físicos e mentais, em nome de Jesus e de outros benfeitores. A desolação que isso causa é ainda mais abominável do que as praticadas nas igrejas pseudocristãs, porque efetivada por pessoas que, teoricamente, ao menos, têm conhecimento de que a Doutrina Espírita é o Consolador prometido por Jesus.

24:16 – então, os que estiverem na Judeia, que fujam para os montes;

Este é outro versículo altamente simbólico. Que símbolo é esse que Jesus utiliza? O que Ele quer dizer com Judeia? O que é estar na Judeia e fugir para os montes? Será que Ele está falando daqueles que vivem na Israel de hoje? Sabemos que não. Jesus não está falando de uma região geográfica, de um local físico. Devemos nos lembrar de que a Judeia, para os judeus, é um lugar sagrado, e que estar nela significa estar em busca das aspirações superiores e sagradas do Ser.

Enquanto Judeia significa o caminho daqueles que estão buscando as questões sagradas da vida, os montes para os quais devemos fugir são os lugares altos. Não se deve pensar que Jesus insinuara inundações diluvianas, das quais seria preciso fugir para os montes. No simbolismo empregado, entendemos que a única forma de nos preservarmos das iniquidades do ambiente desolador e abominável é buscando a elevação interior, entrando assim num estado elevado de consciência, por meio da prática do amor e da compaixão ensinada por Jesus.

Em uma perspectiva individual, não importa o que os outros estão fazendo, se estão praticando o dever de consciência ou a iniquidade. O que importa a cada um de nós é o como vivemos. Se praticamos o dever consciencial, buscando nos elevar acima das iniquidades dos outros, sua conduta não nos afetará. Viver bem só depende de nossas escolhas.

Se cada um daqueles que estiverem cansados das iniquidades começar a praticar ações de amor, compaixão e caridade, em vez de deixar esfriar o amor, logo teremos um mundo melhor para todos.

Portanto, para todos os que quiserem permanecer no planeta regenerado, é fundamental fazer exercícios para praticar os dois grandes preceitos cristãos, desenvolvendo o amor e a compaixão, amando o próximo como a si mesmo e fazendo aos outros o que gostaria que eles nos fizessem.

Aqueles que estão nessa condição, *na Judeia*, o que devem fazer? Buscar elevar-se cada vez mais, *fugir para os montes*, simbolicamente falando. Nesse processo de autotransformação, deve buscar cada vez mais se espiritualizar, elevando-se num processo de autoconsciência, realizando o bem no limite das próprias forças, como nos recomendam os benfeitores espirituais na questão 642 de *O Livro dos Espíritos*[1].

Vejamos uma mensagem de Emmanuel extraída do livro *Caminho, Verdade e Vida*, psicografia de Francisco Cândido Xavier, na qual o mentor faz uma reflexão sobre esse versículo.

Para os montes

Então, os que estiverem na Judeia, fujam para os montes. Jesus (MATEUS, 24: 16)

Referindo-se aos instantes dolorosos que assinalariam a renovação planetária, aconselhou o Mestre aos que estivessem na Judeia procurar os montes. A advertência é profunda, porque, pelo termo "Judeia", devemos tomar a "região espiritual" de quantos, pelas aspirações íntimas, se aproximem do Mestre para a suprema iluminação.

E a atualidade da Terra é dos mais fortes quadros nesse gênero. Em todos os recantos, estabelecem-se lutas e ruínas. Venenos mortíferos são inoculados pela política inconsciente nas massas populares. A baixada está repleta de nevoeiros tremendos. Os lugares santos permanecem cheios de trevas abomináveis. Alguns homens caminham ao sinistro clarão de incêndios. Aduba-se o chão com sangue e lágrimas, para a semeadura do porvir.

É chegado o instante de se retirarem os que permanecem na Judeia para os "montes" das ideias superiores. É indispensável manter-se o discípulo do bem nas alturas espirituais, sem abandonar a cooperação elevada que o Senhor exemplificou na Terra; que aí consolide a sua posição de colaborador fiel, invencível na paz e na esperança, convicto de que, após a passagem dos homens da perturbação, portadores de destroços e lágrimas, são os filhos do trabalho que semeiam a alegria, de novo, e reconstroem o edifício da vida.

---

[1] 642. *Para agradar a Deus e assegurar a sua posição futura, bastará que o homem não pratique o mal?* "Não; cumpre-lhe fazer o bem no limite de suas forças, porquanto responderá por todo mal *que haja resultado de não haver praticado o bem*."

24:17 – e quem estiver sobre o telhado não desça a tirar alguma coisa de sua casa;

Este versículo também é muito simbólico. Tem a mesma acepção do outro. Aqueles de nós que estamos num processo de elevação da consciência não fiquemos focados nas coisas materiais, porque são transitórias. É imprescindível utilizarmos o tempo presente para a nossa transformação interior, pois o período que estamos vivendo é um dos mais graves da Humanidade. *Subamos ao telhado*, isto é, elevemos moralmente a nossa consciência.

Isso não quer dizer que devamos abandonar as coisas do mundo e nos transformar em um desses profetas do apocalipse, saindo por aí pregando em praça pública sobre o fim do mundo. O convite de Jesus não é para desprezarmos as coisas do mundo, mas para estarmos no mundo e através das coisas do mundo cuidarmos das questões espirituais que são as mais importantes, pois são permanentes. O problema não são as coisas materiais, mas o viver em função delas.

24:18 – e quem estiver no campo não volte atrás a buscar as suas vestes.

Este versículo tem o mesmo sentido que o anterior, e novamente nos convida a cuidar das questões espirituais da vida, sem a preocupação com as coisas efêmeras.

Muita gente está por aí mais preocupada com as roupas que veste do que com a vida real que é a do Espírito, entretendo-se com vestir trajes da moda, de grife, e preocupando-se mais com as questões exteriores do que com as interiores, espirituais.

24:19 – Mas ai das grávidas e das que amamentarem naqueles dias!

Com estas palavras, Jesus faz uma previsão sobre o que estamos vivendo de forma bem intensa em nossos dias. Que significado tem este versículo *"ai das grávidas e daquelas que amamentarem naqueles dias!'*"? A referência são as mulheres que estão sendo convidadas a dar à luz nestes dias tumultuados.

A literatura mediúnica idônea, especialmente o livro *Transição planetária,* de Manoel Philomeno de Miranda, tem se reportado à reencarnação em massa de Espíritos empedernidos no mal que vivem nas sombras há séculos. Várias outras obras têm trazido a mesma mensagem, revelando-nos que esses Espíritos têm sido conduzidos à reencarnação como última oportunidade de permanecerem na Terra, caso escolham se renovarem. Caso contrário, serão exilados em outro planeta, compatível com seu patamar evolutivo. É certo que muitos decidem por não se renovarem, por isso a iniquidade tem aumentado assustadoramente, o que indica ser este tempo o do início de uma nova etapa, sobre o que já refletimos.

Com a reencarnação desses Espíritos obstinados no mal, que estavam há séculos nas regiões inferiores, tanto umbralinas quanto trevosas, as regiões inferiores do planeta estão sendo esvaziadas. As mulheres que os recebem como filhos estão expiando delitos passados, mas estão também, ao mesmo tempo, contribuindo para a regeneração do planeta.

24:20 – E orai para que a vossa fuga não aconteça no inverno nem no sábado,

Este versículo tem a ver com os anteriores, nos quais Jesus fala em fugir para a Judeia e para os montes. Vimos, anteriormente, que essa fuga significa a elevação da nossa consciência.

O que seria, então, fugir no inverno e no sábado? Primeiramente, para se entender bem o Evangelho de Jesus, é preciso retomar o momento que ele foi proferido e depois trazer a ideia para nossos dias, observando o símbolo por trás das palavras.

O inverno simboliza um momento de dificuldade; o sábado, para o judeu, dia em que não se podia fazer nada. As duas palavras, simbolicamente, indicam que não devemos ficar adiando a elevação de nossa consciência para não sermos pegos desprevenidos.

Muitas pessoas se dizem espiritualistas ou mesmo espíritas, mas costumam repetir: *vou gozar a vida, e, quando eu for velho, eu cuido dessas coisas espirituais.* É importante, porém, que reflitam sobre uma questão: em que bola de cristal acessamos a conta de nossa vida, para sabermos se vamos ficar velhos? Quem nos garante que a desencarnação não se dará antes da velhice? Sabemos todos que não são somente as pessoas velhas que desencarnam.

O momento do nosso retorno à pátria espiritual é uma data que não sabemos. Por isso, para que não estejamos desprevenidos no *inverno* ou no *sábado*, é fundamental que trabalhemos arduamente na elevação da consciência em todos os momentos de nossa vida, conforme as orientações de Jesus.

24:21 – porque haverá, então, grande aflição, como nunca houve desde o princípio do mundo até agora, nem tampouco haverá jamais.

Grande aflição como nunca houve desde o princípio do mundo é o que estamos vivendo nestes dias. Crimes hediondos são praticados por toda a parte. Voltando à metáfora do furúnculo, é o momento em que o tumor vem a furo, colocando para fora toda a podridão acumulada.

Essa aflição pela qual estamos passando ainda não se deu no mundo e tampouco se repetirá, porque o planeta vai mudar de categoria para mundo de regeneração, condição em que nos libertaremos desses sofrimentos. A benfeitora Joanna de Ângelis tem dito, em várias comunicações, que o sofrimento desaparecerá definitivamente da Terra.

24:22 – E, se aqueles dias não fossem abreviados, nenhuma carne se salvaria; mas, por causa dos escolhidos, serão abreviados aqueles dias.

Este versículo é extremamente consolador. Diante de tanta aflição, são comuns a desesperança, o desespero e a amargura. Aqueles que têm uma visão pessimista acreditam que o mundo vai de mal a pior, rumo à catástrofe. Fiquemos com Jesus, que nos diz que estes dias *serão abreviados,* isto é, chegará o momento em que o próprio Criador intervirá, antes que os próprios seres humanos destruam o planeta. Decerto o avanço tecnológico já alcançado pelo homem produz muito conforto, mas também, desconectado do avanço moral, devasta e destrói continuadamente os recursos naturais do planeta. Sem uma intervenção espiritual, um trabalho para expurgo daqueles que continuam empedernidos no mal, os próprios seres humanos vão destruir a vida no planeta.

Caso não houvesse uma intervenção espiritual para expurgo daqueles que continuam empedernidos no mal, como nos reporta a questão 1019 de *O Livro dos Espíritos,* que estudaremos adiante, o planeta seria destruído e toda a vida que existe nele se perderia. Contudo, por causa dos escolhidos – os que já se encontram voltados ao bem –, estes dias serão abreviados, para que o planeta permaneça íntegro e possa abrigar a Humanidade regenerada.

O que se precisa saber, com firmeza, ao contrário do que afirmam Espíritos pseudossábios, é que essa intervenção divina não acontecerá pela derrogação das leis naturais, como a da gravitação universal. Ora, se o Criador precisasse derrogar as suas leis para salvar um planeta, onde estaria a divina sabedoria?

Pela observação criteriosa, entende-se que Deus intervém, quando necessário, pelo próprio cumprimento das suas leis. Existe, aliás, uma lei de solidariedade entre os vários planetas do Universo, sobre o que falaremos adiante.

24:23 a 26 – Então, se alguém vos disser: Eis que o Cristo está aqui ou ali, não lhe deis crédito, porque surgirão falsos cristos e falsos profetas e farão tão grandes sinais e prodígios, que, se possível fora, enganariam até os escolhidos. Eis que eu vo-lo tenho predito. Portanto, se vos disserem: Eis que ele está no deserto, não saiais; ou: Eis que ele está no interior da casa, não acrediteis.

Nestes versículos, Jesus volta a falar dos falsos cristos e dos falsos profetas, especialmente os existentes no mundo espiritual, que, tomando nomes venerandos, tentam enganar até os escolhidos. Ensina-nos, a propósito, o apóstolo João, na 1ª Epístola, cap. IV, v. 1: "*Meus bem-amados, não creiais em qualquer Espírito; experimentai se os Espíritos são de Deus, porquanto muitos falsos profetas se têm levantado no mundo.*"

Esta orientação de João é muito séria e cabe muito especialmente no momento atual, bem como todo o texto do capítulo XXI de *O Evangelho segundo o Espiritismo*, do qual destacamos os itens 8 e 10:

Os falsos profetas

Se vos disserem: "O Cristo está aqui", não vades; ao contrário, tende-vos em guarda, porquanto numerosos serão os falsos profetas. Não vedes que as folhas da figueira começam a branquear; não vedes os seus múltiplos rebentos aguardando a época da floração; e não vos disse o Cristo: Conhece-se a árvore pelo fruto? Se, pois, são amargos os frutos, já sabeis que má é a árvore; se, porém, são doces e saudáveis, direis: "Nada que seja puro pode provir de fonte má."

É assim, meus irmãos, que deveis julgar; são as obras que deveis examinar. Se os que se dizem investidos de poder divino revelam sinais de uma missão de natureza elevada, isto é, se possuem no mais alto grau as virtudes cristãs e eternas: a caridade, o amor, a indulgência, a bondade que concilia os corações; se, em apoio das palavras, apresentam os atos, podereis então dizer: Estes são realmente enviados de Deus.

Desconfiai, porém, das palavras melífluas, desconfiai dos escribas e dos fariseus que oram nas praças públicas, vestidos de longas túnicas. Desconfiai dos que pretendem ter o monopólio da verdade!

Não, não, o Cristo não está entre esses, porquanto os que ele envia para propagar a sua santa doutrina e regenerar o seu povo serão, acima de tudo, seguindo-lhe o exemplo, brandos e humildes de coração; os que hajam, com os exemplos e conselhos que prodigalizem, de salvar a humanidade, que corre para a perdição e pervaga por caminhos tortuosos, serão essencialmente modestos e humildes. De tudo o que revele um átomo de orgulho, fugi, como de uma lepra contagiosa, que corrompe tudo em que toca. Lembrai-vos de que **cada criatura traz na fronte, mas principalmente nos atos, o cunho da sua grandeza ou da sua inferioridade.**

Ide, portanto, meus filhos bem-amados, caminhai sem tergiversações, sem pensamentos ocultos, na rota bendita que tomastes. Ide, ide sempre, sem temor; afastai, cuidadosamente, tudo o que vos possa entravar a marcha para o objetivo eterno. Viajores, só por pouco tempo mais estareis nas trevas e nas dores da provação, se abrirdes o vosso coração a essa suave doutrina que vos vem revelar as leis eternas e satisfazer a todas as aspirações de vossa alma acerca do desconhecido. Já podeis dar corpo a esses silfos ligeiros que vedes passar nos vossos sonhos e que, efêmeros, apenas vos encantavam o espírito, sem coisa alguma dizerem ao vosso coração. Agora, meus amados, a morte desapareceu, dando lugar ao anjo radioso que conheceis, o anjo do novo encontro e da reunião! Agora, vós que bem desempenhado haveis a tarefa que o Criador confia às suas criaturas, nada mais tendes de temer da sua justiça, pois ele é pai e perdoa sempre aos filhos transviados que clamam por misericórdia. Continuai, portanto, avançai incessantemente. Seja vossa divisa a do progresso, do progresso contínuo em todas as coisas, até que, finalmente, chegueis ao termo feliz da jornada, onde vos esperam todos os que vos precederam. – **Luís.** (Bordéus, 1861.)

Os falsos profetas da erraticidade

Os falsos profetas não se encontram unicamente entre os encarnados. Há-os também, e em muito maior número, entre os Espíritos orgulhosos que, aparentando amor e caridade, semeiam a desunião e retardam a obra de emancipação da Humanidade, lançando-lhe de través seus sistemas absurdos, depois de terem feito que seus médiuns os aceitem. E, para melhor fascinarem aqueles a quem desejam iludir, para darem mais peso às suas teorias, se apropriam sem escrúpulo de nomes que só com muito respeito os homens pronunciam.

São eles que espalham o fermento dos antagonismos entre os grupos, que os impelem a isolarem-se uns dos outros e a olharem-se com prevenção. Isso por si só bastaria para os desmascarar, pois, procedendo assim, são os primeiros a dar o mais formal desmentido às suas pretensões. Cegos, portanto, são os homens que se deixam cair em tão grosseiro embuste.

Mas, há muitos outros meios de serem reconhecidos. Espíritos da categoria em que eles dizem achar-se têm de ser não só muito bons, como também eminentemente racionais. Pois bem: passai-lhes os sistemas pelo crivo da razão e do bom senso e vede o que restará. Convinde, pois, comigo, em que, todas as vezes que um Espírito indica, como remédio aos males da Humanidade ou como meio de conseguir-se a sua transformação, coisas utópicas e impraticáveis, medidas pueris e ridículas; quando formula um sistema que as mais rudimentares noções da Ciência contradizem, não pode ser senão um Espírito ignorante e mentiroso.

Por outro lado, crede que, se nem sempre os indivíduos apreciam a verdade, esta é apreciada sempre pelo bom senso das massas, constituindo isso mais um critério. Se dois princípios se contradizem, achareis a medida do valor intrínseco de ambos, verificando qual dos dois encontra mais ecos e simpatias. Fora, com efeito, ilógico admitir-se que uma doutrina cujo número de adeptos diminua progressivamente seja mais verdadeira do que outra que veja o dos seus em contínuo aumento. Querendo que a verdade chegue a todos, Deus não a confina num círculo acanhado: fá-la surgir em diferentes pontos, a fim de que por toda a parte a luz esteja ao lado das trevas.

Repeli sem condescendência todos esses Espíritos que se apresentam como conselheiros exclusivos, pregando a separação e o insulamento. São quase sempre Espíritos vaidosos e medíocres, que procuram impor-se a homens fracos e crédulos, prodigalizando-lhes exagerados louvores, a fim de os fascinar e de tê-los dominados. São, geralmente, Espíritos sequiosos de poder e que, déspotas públicos ou nos lares, quando vivos, ainda querem vítimas para tiranizar depois de terem morrido. Em geral, desconfiai das comunicações que trazem um caráter de misticismo e de singularidade, ou que prescrevem cerimônias e atos extravagantes. Há sempre, nesses casos, motivo legítimo de suspeição.

Estai certos, igualmente, de que quando uma verdade tem de ser revelada aos homens, é, por assim dizer, comunicada instantaneamente a todos os grupos sérios, que dispõem de médiuns também sérios, e não a tais ou quais, com exclusão dos outros. Nenhum médium é perfeito, se está obsidiado; e há manifesta obsessão quando um médium só é apto a receber comunicações de determinado Espírito, por mais alto que este procure colocar-se. Conseguintemente, todo médium e todo grupo que considerem privilégio seu receber as comunicações que obtêm e que, por outro lado, se submetem a práticas que tendem para a superstição, indubitavelmente se acham presas de uma obsessão bem caracterizada, sobretudo quando o Espírito dominador se pavoneia com um nome que todos, encarnados e desencarnados, devem honrar e respeitar e não permitir seja declinado a todo propósito.

É incontestável que, submetendo ao crivo da razão e da lógica todos os dados e todas as comunicações dos Espíritos, fácil se torna rejeitar a absurdidade e o erro. Pode um médium ser fascinado, e iludido um grupo; mas, a verificação severa a que procedam os outros grupos, a ciência adquirida, a alta autoridade moral dos diretores de grupos, as comunicações que os principais médiuns recebam, com um cunho de lógica e de autenticidade dos melhores Espíritos, justiçarão rapidamente esses ditados mentirosos e astuciosos, emanados de uma turba de Espíritos mistificadores ou maus. – **Erasto**, discípulo de São Paulo. (Paris, 1862)

Como vemos, os falsos cristos e os falsos profetas não existem só na dimensão física, mas também na dimensão espiritual, de onde se utilizam de médiuns para enganar muita gente.

Jesus diz que, se possível fora, enganariam até os escolhidos. Contudo, não é possível enganar os escolhidos, porque o escolhido é alguém que assim se fez, pelo processo de autoelevação, de autotransformação, que se dirigiu para a *Judeia* e para os *montes*.

Se, metaforicamente, estamos num monte, temos uma visão mais ampla das coisas e conseguimos discernir um verdadeiro de um falso profeta.

Quando, pelo conhecimento da Verdade, por meio das bases da Doutrina Espírita, estamos com a nossa consciência lúcida, percebemos a diferença entre um livro com mensagens enganadoras e um livro com mensagens verdadeiramente sérias, não nos permitindo enganos. Ao invés, aquele que não estuda as bases doutrinárias não sabe distinguir a verdade da mistificação e, por isso, é facilmente enganado.

Apesar do convite de Jesus para a elevação do nível de consciência pelo conhecimento da Verdade e pelo autoconhecimento, poucos aceitam o convite, infelizmente. Daí a grande parcela de integrantes do Movimento Espírita, nos dias de hoje, sendo alvo de mistificações grosseiras.

24:27 – Porque, assim como o relâmpago sai do oriente e se mostra até ao ocidente, assim será também a vinda do Filho do Homem.

Neste versículo, Jesus faz, de uma maneira simbólica, uma alusão ao advento do Espírito de Verdade, Ele mesmo, que viria como o relâmpago que mostra a sua luz e logo volta às origens. As comunicações do Espírito de Verdade em *O Evangelho segundo o Espiritismo*, têm elas mesmas a força de um relâmpago e estão disponíveis para todos, do oriente ao ocidente.

Naturalmente a luz de que falamos é extensiva à falange do Espírito de Verdade, que auxiliou na Codificação da Doutrina Espírita, e que, na época de Kardec, em Centros Espíritas pelo mundo a fora, do oriente ao ocidente, se comunicou por meio de médiuns para trazer a todos nós a mensagem consoladora do Espiritismo.

24:28 – Pois onde estiver o cadáver, aí se ajuntarão as águias.

Jesus usa novamente símbolos muito interessantes: *cadáver* e *águias*. O primeiro é símbolo da podridão; *águias* são as aves de rapina que se alimentam de podridão, simbolizando a rapinagem que acontece em torno dos escândalos.

A metáfora explica o que vivenciamos hoje, na sucessão de escândalos. Onde se tem um corrupto, se tem também um corruptor, que como uma águia se locupleta com a carniça.

Podemos também refletir, a partir desse versículo, sobre as pessoas que se locupletam com o sensualismo de toda ordem, com a busca do dinheiro fácil cometendo ilicitudes etc. Todos estão criando uma "podridão" interna, atraindo Espíritos menos felizes que os obsidiarão. Eis aí como essas pessoas mesmas ampliam o mal que fazem a si e ao próximo.

24:29 – E, logo depois da aflição daqueles dias, o sol escurecerá, e a lua não dará a sua luz, e as estrelas cairão do céu, e as potências dos céus serão abaladas.

Profundamente simbólico, o versículo retrata o momento de aflição pelo qual passa a Humanidade. Muitas pessoas acreditam que não há uma luz no fim do túnel, que não há esperança. Para elas, tudo parece escuro, depressivo.

Hoje em dia, aumenta de forma assustadora a doença da depressão, a ponto de a Organização Mundial de Saúde lançar o alerta de que a depressão será a grande epidemia do século XXI. Uma pessoa desesperançada e deprimida tranca-se no próprio quarto e fecha as cortinas, porque não quer ver a luz do Sol, a lua nem tampouco as estrelas. Nesse quadro, no escuro da aflição, a pessoa somente enxerga o seu sofrimento.

Do ponto de vista coletivo, a escuridão é causada pelo desespero, especialmente advindo dos chamados flagelos destruidores. A questão é bem retratada na obra *Transição Planetária,* de Manoel Philomeno de Miranda, psicografia de Divaldo Franco, que aborda o socorro às vitimas do grande terremoto seguido do *tsunami,* na Ásia, em 2004. Nesse cataclismo, aconteceu a desencarnação em massa de milhares de pessoas. Em seu livro, Philomeno de Miranda descreve a paisagem espiritual de vasta região da Indonésia, onde o terremoto e o tsunami causaram maiores devastações. Diz Philomeno que, ali, mesmo durante o dia, não se conseguia ver a luz do Sol, tal o nível de aflição das pessoas. Muitas delas, sem saber que tinham desencarnado, lutavam para reerguer o próprio corpo. Era como se o dia, na dimensão espiritual, fosse como a noite intensa e profunda, bem como Jesus descrevera.

24:30 e 31 – Então, aparecerá no céu o sinal do Filho do Homem; e todas as tribos da terra se lamentarão e verão o Filho do Homem vindo sobre as nuvens do céu, com poder e grande glória. E ele enviará os seus anjos com rijo clamor de trombeta, os quais ajuntarão os seus escolhidos desde os quatro ventos, de uma à outra extremidade dos céus.

Estes versículos também são alvo de interpretação literal por muitas pessoas que esperam Jesus vir sobre as nuvens, com poder e glória, com uma legião de anjos tocando trombetas. Toda essa pompa e circunstância não são próprias de Espíritos Crísticos como Jesus, que agem de uma forma simples, com o objetivo de tocar o coração. Quem pensa assim comete os mesmos erros dos hebreus, que esperavam o Messias com poder temporal que subjugasse os outros povos para a hegemonia de Israel. Assim acreditando, renegam até hoje que Jesus seja o Messias prometido, pois Ele veio, sem poder temporal algum, como um simples carpinteiro.

Na verdade, os símbolos que Jesus usa nesses versículos demonstram a sua segunda vinda na condição do Espírito de Verdade. Vindo sobre as *nuvens,* comunicou-se por meio de médiuns, isto é, colocando todo o seu *poder* e a sua *glória* de uma forma indireta.

Os Espíritos, utilizando os médiuns, trombetearam a realidade da vida de uma forma jamais vista em toda a história da Humanidade. É certo que sempre houve médiuns, mas que agiam de forma isolada. Ao tempo da Codificação, havia médiuns por toda parte. Os efeitos físicos que provocavam chamavam a atenção de todos, chegando a atrair a atenção de Hippolyte-Léon Denizard Rivail, que, após estudar profundamente os fenômenos, tornou-se o Codificador da Doutrina Espírita, adotando o pseudônimo de Allan Kardec.

Para codificar o Espiritismo, Kardec mantinha contato com milhares de médiuns de mais de mil Centros Espíritas por todo o mundo, por onde a realidade imortal e a mensagem de Jesus foram trombeteadas anunciando a nova era e o advento do Consolador.

24:32 e 33 – Aprendei, pois, esta parábola da figueira: quando já os seus ramos se tornam tenros e brotam folhas, sabeis que está próximo o verão. Igualmente, quando virdes todas essas coisas, sabei que ele está próximo, às portas.

Jesus aborda simbolicamente toda a renovação que adviria. Vivemos, desde a década de 1850 até agora, o final próximo de toda uma era.

É importante refletirmos sobre o conceito de próximo ou breve, comunicados por Espíritos Crísticos como Jesus ou os Espíritos superiores. Se para nós essas palavras remetem a instantes próximos, daqui a uma hora, uma semana, um mês, uns meses ou no máximo alguns anos, na dimensão espiritual, para Espíritos da envergadura de Jesus e dos benfeitores que trabalharam na organização da Codificação, o termo breve pode significar 100, 200 ou mais anos, pois a perspectiva desses Espíritos é a da eternidade e não a de uma existência corporal como a nossa.

Nas obras básicas de Allan Kardec veremos, mais adiante, vários textos em que os benfeitores falam claramente que em breve haveria a regeneração do planeta e o bem seria implantado na Terra. Como esses textos datam do século dezenove, a maioria das pessoas estava esperando toda essa transformação para o século vinte, levando em conta o seu conceito de brevidade. Contudo, diante das iniquidades ocorridas no século XX e em pleno século XXI, muitos se baseiam nisso para descrer no futuro, sem refletir mais demoradamente sobre o conceito do termo pela ótica da espiritualidade. Esquecem-se de que nenhuma transição do porte da que estamos passando no planeta acontece de forma abrupta, mas ao longo de séculos.

24:34 e 35 – Em verdade vos digo que não passará esta geração sem que todas essas coisas aconteçam. O céu e a terra passarão, mas as minhas palavras não hão de passar.

Para entender este versículo, é necessário ampliar o significado da palavra geração para além da visão biológica e considerar também a evolução espiritual, uma vez que a curta duração da geração biológica não permitiria a renovação da Humanidade. No sentido simbólico, é preciso considerar que a geração das ideias puramente materialistas, bem como suas consequências, passará, enquanto a mensagem de Jesus triunfará nos corações aptos a viver na Terra regenerada.

Toda iniquidade, tudo que existe de mal, passará; permanecerão na Terra as palavras e o amor exemplificado por Jesus, suas ideias cristãs, seu exemplo e suas orientações.

24:36 – Porém daquele Dia e hora ninguém sabe, nem os anjos dos céus, nem o Filho, mas unicamente meu Pai.

A previsão de quando exatamente todo o processo de regeneração vai se concluir só Deus sabe. Não podemos prever todos os acontecimentos, por isso devemos nos preparar intimamente.

24:37 a 39 – E, como foi nos dias de Noé, assim será também a vinda do Filho do Homem. Porquanto, assim como, nos dias anteriores ao dilúvio, comiam, bebiam, casavam e davam-se em casamento, até ao dia em que Noé entrou na arca, e não o perceberam, até que veio o dilúvio, e os levou a todos, assim será também a vinda do Filho do Homem.

Nestes versículos, Jesus aborda a questão da preparação contínua por meio da elevação da consciência, conforme vimos anteriormente, para que não nos encontremos desprevenidos quando o momento da desencarnação nos chegar e para que possamos levar deste mundo o patrimônio espiritual que desenvolvermos no plano material.

Podemos também inferir desses versículos a possibilidade de novamente continentes, ou parte deles, virem a submergir no mar, pois Jesus faz referência ao dilúvio bíblico, que, segundo Emmanuel, no livro *A Caminho da Luz*, é uma alegoria registrada na Bíblia da lembrança que os povos antigos traziam da submersão da Atlântida e da Lemúria, após violentos cataclismos.

Podemos aventar essa possibilidade, fato que realmente pegaria muita gente desprevenida, pois a maioria das pessoas do planeta está totalmente alheia aos fatos relacionados à grande transição.

Voltaremos a estudar o capítulo 24 do "Evangelho de Mateus", concluindo o estudo dos demais versículos.

Estudaremos, a seguir, alguns textos de *O Evangelho segundo o Espiritismo* – capítulo III – "Há muitas moradas na casa de meu Pai":

1. Não se turbe o vosso coração. - Credes em Deus, crede também em mim. Há muitas moradas na casa de meu Pai; se assim não fosse, já eu vo-lo teria dito, pois me vou para vos preparar o lugar. Depois que me tenha ido e que vos houver preparado o lugar, voltarei e vos retirarei para mim, a fim de que onde eu estiver também vós aí estejais. (S. JOÃO, cap. XIV, vv. 1 a 3.)

Sob a interpretação literal, a impressão é de que Jesus está falando somente para os seus discípulos da primeira hora. Se interpretarmos com base no espírito que está por trás da letra, perceberemos que Jesus está falando para a Humanidade inteira.

Há muitas moradas na casa de meu Pai. Essa frase tem dois significados. Podemos entender como morada os vários planetas habitados do Universo, mas também as várias dimensões que existem na própria Terra, desde as altas esferas, as esferas intermediárias e as umbralinas, nas quais se organizam as diversas colônias espirituais, até as entranhas do planeta, onde ficam as furnas das trevas.

Diferentes categorias de mundos habitados

3. Do ensino dado pelos Espíritos, resulta que muito diferentes umas das outras são as condições dos mundos, quanto ao grau de adiantamento ou de inferioridade dos seus habitantes. Entre eles há os em que estes últimos são ainda inferiores aos da Terra, física e moralmente; outros, da mesma categoria que o nosso; e outros que lhe são mais ou menos superiores a todos os respeitos. Nos mundos inferiores, a existência é toda material, reinam soberanas as paixões, sendo quase nula a vida moral. À medida que esta se desenvolve, diminui a influência da matéria, de tal maneira que, nos mundos mais adiantados, a vida é, por assim dizer, toda espiritual.

4. Nos mundos intermédios, misturam-se o bem e o mal, predominando um ou outro, segundo o grau de adiantamento da maioria dos que os habitam. Embora se não possa fazer, dos diversos mundos, uma classificação absoluta, pode-se contudo, em virtude do estado em que se acham e da destinação que trazem, tomando por base os matizes mas salientes, dividi-los, de modo geral, como segue: mundos primitivos, destinados às primeiras encarnações da alma humana; mundos de expiação e provas, onde domina o mal; mundos de regeneração, nos quais as almas que ainda têm o que expiar haurem novas forças, repousando das fadigas da luta; mundos ditosos, onde o bem sobrepuja o mal; mundos celestes ou divinos, habitações de Espíritos depurados, onde exclusivamente reina

o bem. A Terra pertence à categoria dos mundos de expiação e provas, razão por que aí vive o homem a braços com tantas misérias.

16. (Comunicação de Santo Agostinho) Mundos regeneradores: Entre as estrelas que cintilam na abóbada azul do firmamento, quantos mundos não haverá como o vosso, destinados pelo Senhor à expiação e à provação! Mas, também os há mais miseráveis e melhores, como os há de transição, que se podem denominar de regeneradores.

17. Os mundos regeneradores servem de transição entre os mundos de expiação e os mundos felizes. A **alma arrependida** encontra neles a calma e o repouso e acaba por depurar-se. (grifos nossos)

Santo Agostinho coloca uma condição imprescindível para viver num mundo de regeneração: o arrependimento sincero daquele que se cansou do mal e deseja ardentemente o bem. A alma arrependida encontra nos mundos regeneradores a calma e o repouso e acaba por depurar-se, reparando os erros a partir da prática do amor e do bem no limite das próprias forças.

Por isso é que Jesus coloca, nas bem-aventuranças do Sermão da Montanha, que os brandos herdarão a Terra, isto é, os brandos que se arrependerem verdadeiramente de ter praticado o mal.

Você, leitor(a), está nessa condição de herdar a Terra? Sim! Todos os que desejarem podem estar nessa condição. Basta que sintam o arrependimento sincero, desejando o bem pelo bem, apesar de todo mal que nós já fizemos, principalmente em outras existências.

Sem dúvida, em tais mundos o homem ainda se acha sujeito às leis que regem a matéria; a Humanidade experimenta as vossas sensações e desejos, mas liberta das paixões desordenadas de que sois escravos, isenta do orgulho que impõe silêncio ao coração, da inveja que a tortura, do ódio que a sufoca. Em todas as frontes, vê-se escrita a palavra amor; perfeita equidade preside às relações sociais, todos reconhecem Deus e tentam caminhar para Ele, cumprindo-lhe as leis.

Santo Agostinho coloca neste texto várias características do planeta de regeneração, no qual ainda existem as sensações e os desejos, porém sem as paixões desordenadas.

Qual a diferença entre paixões, de um lado, e, de outro, sensações e desejos? As sensações e os desejos são próprios da vida material. Santo Agostinho se refere ao fato de que nos mundos regeneradores o homem estará ainda sujeito às leis que regem a matéria. Contudo, neles não haverá as paixões próprias de um mundo de expiações e provas, como o orgulho que impõe silêncio ao coração, isto é, o orgulho que abafa os sentimentos de amor, de compaixão e de solidariedade. Nos mundos regeneradores, um senso de igualdade, de fraternidade e de amor será presente em todos os seres que fazem esforços para amar e cumprir as leis divinas inscritas em suas próprias consciências.

Isso significa que o orgulho será completamente banido? Ainda não, pois ainda existe orgulho, mas não o orgulho que impõe silêncio ao coração que gera o ódio, a inveja e outros sentimentos egoicos. Um sentimento como o orgulho não desaparece de uma hora para outra.

Quando, deliberadamente, nos sentimos melhores do que os outros, como é tão comum num planeta de expiações e provas, vitalizamos o orgulho, que se manifesta intensamente, gerando a arrogância, o ódio, a inveja, o egoísmo etc., ou seja, todo um processo de falsa superioridade sobre os outros.

Quando começamos a refletir, percebendo que somos iguais aos outros e que temos as mesmas possibilidades de crescer, nos são possíveis ações e exercícios para humildar o nosso orgulho. Esse processo dura um certo tempo, até chegarmos ao ponto de não trazer nenhum resquício desse sentimento.

O fato de o planeta entrar na era de regeneração não vai mudar a nossa condição humana. O processo de humildar nosso orgulho, para nos libertarmos da inveja, da tortura do ódio que sufoca, isso nós já podemos iniciar desde agora. É esse o significado de estar na *Judeia* e *subir para os montes*, como vimos anteriormente.

Nesses mundos, todavia, ainda não existe a felicidade perfeita, mas a aurora da felicidade. O homem lá é ainda de carne e, por isso, sujeito às vicissitudes de que libertos só se acham os seres completamente desmaterializados.

Vemos que um mundo de regeneração não é, ainda, um mundo perfeito. É um mundo em que as pessoas haurem forças.

Se aqui na Terra, no estágio em que estamos, mesmo em meio a tanta crueldade, já é possível uma felicidade relativa, fruto de uma consciência reta e tranquila, mais pujante e muito mais plena ela será num planeta de regeneração, em que não há mais iniquidade. Contudo, ainda estaremos sujeito às vicissitudes da vida material.

Ainda tem de suportar provas, porém, **sem as pungentes angústias da expiação**. Comparados à Terra, esses mundos são bastante ditosos e muitos dentre vós se alegrariam de habitá-los, pois que eles representam a calma após a tempestade, a convalescença após a moléstia cruel. (grifos nossos)

Aqui há uma aparente contradição entre o texto de Santo Agostinho e o de Allan Kardec, colocado anteriormente, em que ele diz que num planeta de regeneração ainda há expiação. Santo Agostinho diz que a alma arrependida que reencarna no planeta de regeneração não tem mais as pungentes angústias da expiação. Por que é uma aparente contradição?

Vejamos que em um planeta de expiações e provas, como o nosso, a expiação, para o Espírito rebelde, é uma necessidade evolutiva, mas a maioria não expia porque se rebela contra as leis divinas. Apesar do sofrimento, são poucos os que humildam o orgulho e amansam a rebeldia, num ato de autoamor.

Na maioria das vezes em que surge uma dor expiatória, a pessoa a recebe com revolta e não com arrependimento. Expiação significa etimologicamente o seguinte: o prefixo **ex** significa extrair; **pia** significa pureza, portanto ação para extrair a pureza. Onde está a pureza? Dentro de nós mesmos, na Essência Divina que somos.

Nós só expiamos quando aceitamos amorosamente a dor, colocando o amor sobre a dor, a partir do arrependimento sincero. Somente dessa forma é que voltamos à pureza da qual não deveríamos nos ter afastado, conforme está na "Parábola dos Dois Filhos", mais conhecida como "Parábola do Filho Pródigo".

Por ela, Jesus nos traz um convite ao equilíbrio existencial, contando-nos que o filho mais novo se afastara para *terras longínquas*, expressão que simboliza os atos de desamor praticados no cultivo das paixões. Depois, o moço retorna à *casa do Pai* para se reabilitar perante a própria consciência. No processo de retorno o filho mais novo volta arrependido, para expiar os seus débitos e repará-los pelo trabalho no bem.

Kardec diz que num mundo regenerado a alma que ainda precisa expiar haure novas forças, e, por isso, ali reencarna com o fim de evoluir a partir do arrependimento sincero, livre do mal contumaz próprio dos mundos expiatórios e provacionais. Assim, tendo aceitado de bom grado o processo expiatório, o Espírito poderá vivenciá-lo com mais eficiência, sem as angústias que hoje existem na Terra, ciente de que está passando por aquilo para se depurar. Porém, a grande maioria dos que reencarnam num planeta de regeneração não tem mais nada a expiar.

> Contudo, menos absorvido pelas coisas materiais, o homem divisa, melhor do que vós, o futuro; compreende a existência de outros gozos prometidos pelo Senhor aos que deles se mostrem dignos, quando a morte lhes houver de novo ceifado os corpos, a fim de lhes outorgar a verdadeira vida. Então, liberta, a alma pairará acima de todos os horizontes. Não mais sentidos materiais e grosseiros; somente os sentidos de um perispírito puro e celeste, a aspirar às emanações do próprio Deus, nos aromas de amor e de caridade que do seu seio emanam.

Em um planeta de regeneração, temos uma visão mais ampla da vida e do nosso futuro. A Humanidade já consegue perceber que os verdadeiros gozos são os espirituais, como o gozo da consciência tranquila, o do trabalho do bem, da afetividade pura e desinteressada etc.

Não alimentando as paixões egoicas, o perispírito vai se purificando. Consequentemente o corpo também vai perdendo os sentidos materiais e grosseiros.

18. Mas, ah! nesses mundos, ainda falível é o homem e o Espírito do mal não há perdido completamente o seu império. Não avançar é recuar, e, se o homem não se houver firmado bastante na senda do bem, pode recair nos mundos de expiação, onde, então, novas e mais terríveis provas o aguardam. - Santo Agostinho. (Paris, 1862.)

Vejamos que aqui Santo Agostinho aborda a questão do mal, pois a falência espiritual é uma possibilidade para aqueles que não perseverarem no bem. Contudo, esse mal é bem diferente do que existe na Terra de hoje, um mal endêmico. Num mundo de regeneração, o mal reside na própria criatura que não faz esforços para avançar em direção do Bem maior.

A criatura que não vigia pode falir, e nesse caso é reprovada, podendo ser exilada num planeta de expiações e provas para não atrapalhar a regeneração dos demais habitantes, pois o mal deliberado, quando realizado, remete o Espírito falido a um ambiente próprio à expiação dos seus débitos.

Muitas pessoas pensam que o fato de um Espírito ir para um mundo mais atrasado configura um retrocesso. Isso, porém, não acontece, porque, embora reencarnado em um mundo mais primitivo do que aquele em que ele vivia anteriormente, o Espírito não perde a sua inteligência e capacidade.

Façamos uma comparação para melhor entendimento. Imaginemos que qualquer um de nós que vivemos em uma sociedade civilizada, em que usamos diariamente computadores, internet, telefone celular, ar condicionado, automóveis etc., fosse viver em um país da selva africana, onde ainda se registra uma vida tribal. Perderíamos toda a capacidade intelecto-moral, todo o conhecimento que já adquirimos? Não! Apenas não teríamos computadores, celulares, automóveis e faríamos uso de instrumentos primitivos, porém a nossa inteligência e capacidades continuariam as mesmas.

Estudemos, a seguir, mais uma mensagem de Santo Agostinho sobre a questão da progressão dos mundos:

19. O progresso é lei da Natureza. A essa lei todos os seres da Criação, animados e inanimados, foram submetidos pela bondade de Deus, que quer que tudo se engrandeça e prospere. A própria destruição, que aos homens parece o termo final de todas as coisas, é apenas um meio de se chegar, pela transformação, a um estado mais perfeito, visto que tudo morre para renascer e nada sofre o aniquilamento.

Ao mesmo tempo que todos os seres vivos progridem moralmente, progridem materialmente os mundos em que eles habitam. Quem pudesse acompanhar um mundo em suas diferentes fases, desde o instante em que se aglomeraram os primeiros átomos destinados e constituí-lo, vê-lo-ia a percorrer uma escala incessantemente progressiva, mas de degraus imperceptíveis para cada geração, e a oferecer aos seus habitantes uma morada cada vez mais agradável, à medida que eles próprios avançam na senda do progresso. Marcham assim, paralelamente, o progresso do homem, o dos animas, seus auxiliares, o dos vegetais e o da habitação, porquanto nada em a Natureza permanece estacionário. Quão grandiosa é essa ideia e digna da majestade do Criador! Quanto, ao contrário, é mesquinha e indigna do seu poder a que concentra a sua solicitude e a sua providência no imperceptível grão de areia, que é a Terra, e restringe a Humanidade aos poucos homens que a habitam!

Todos os planetas progridem física e moralmente. Por isso, é que a Terra está sendo preparada moral e fisicamente para se tornar mundo de regeneração. Tudo na Terra vai mudar completamente, desde as agruras do clima às condições de habitabilidade. Cessarão os flagelos destruidores, e o planeta será mais agradável, próprio para uma Humanidade regenerada.

Segundo aquela lei, este mundo esteve material e moralmente num estado inferior ao em que hoje se acha e se alçará sob esse duplo aspecto a um grau mais elevado. Ele há chegado a um dos seus períodos de transformação, em que, de orbe expiatório, mudar-se-á em planeta de regeneração, onde os homens serão ditosos, porque nele imperará a lei de Deus. – *Santo Agostinho. (Paris, 1862.)*

Quem leu esse texto de Santo Agostinho em 1862 e o interpretou ao pé da letra, conforme a perspectiva humana de mudança, deve ter pensado que Santo Agostinho estava falando de uma mudança que aconteceria com brevidade, pois ele usa os verbos há chegado, no presente. Contudo, o que seria o presente para um Espírito dessa envergadura moral? Os benfeitores dizem sempre que no mundo espiritual as noções de tempo e espaço são diferentes do mundo físico. Portanto, quando Santo Agostinho diz *há chegado*, não está se referindo a uma mudança abrupta, mas a um processo de transição que durará o quanto for necessário. É importante lembrar que tal transição não se demorará indefinidamente, pois, conforme estudamos anteriormente, Jesus diz que por causa dos escolhidos os tempos serão abreviados.

Estudemos, a seguir, a questão 1019 de *O Livro dos Espíritos*, cuja resposta é assinada por São Luís.

1019. Poderá jamais implantar-se na Terra o reinado do bem?

O bem reinará na Terra quando, entre os Espíritos que a vêm habitar, os bons predominarem, porque, então, farão que aí reinem o amor e a justiça, fonte do bem e da felicidade. Por meio do progresso moral e praticando as leis de Deus é que o homem atrairá para a Terra os bons Espíritos e dela afastará os maus. Estes, porém, não a deixarão, senão quando daí estejam banidos o orgulho e o egoísmo.

Predita foi a transformação da Humanidade e vos avizinhais do momento em que se dará, momento cuja chegada apressam todos os homens que auxiliam o progresso. Essa transformação se verificará por meio da encarnação de Espíritos melhores, que constituirão na Terra uma geração nova. Então, os Espíritos dos maus, que a morte vai ceifando dia a dia, e todos os que tentem deter a marcha das coisas serão daí excluídos, pois que viriam a estar deslocados entre os homens de bem, cuja felicidade perturbariam. Irão para mundos novos, menos adiantados, desempenhar missões *penosas*, trabalhando pelo seu próprio adiantamento, ao mesmo tempo que trabalharão pelo de seus irmãos ainda mais atrasados. Neste banimento de Espíritos da Terra transformada, não percebeis a sublime alegoria do *Paraíso perdido* e, na vinda do homem para a Terra em semelhantes condições, trazendo em si o gérmen de suas paixões e os vestígios da sua inferioridade primitiva, não descobris a não menos sublime alegoria do *pecado original*? Considerado deste ponto de vista, o pecado original se prende à natureza ainda imperfeita do homem que, assim, só é responsável por si mesmo, pelas suas próprias faltas e não pelas de seus pais.

Todos vós, homens de fé e de boa vontade, trabalhai, portanto, com ânimo e zelo na grande obra da regeneração, que colhereis pelo cêntuplo o grão que houverdes semeado. Ai dos que fecham os olhos à luz! Preparam para si mesmos longos séculos de trevas e decepções. Ai dos que fazem dos bens deste mundo a fonte de todas as suas alegrias! Terão que sofrer privações muito mais numerosas do que os gozos de que desfrutaram! Ai, sobretudo, dos egoístas! Não acharão quem os ajude a carregar o fardo de suas misérias.

Na última questão de *O Livro dos Espíritos*, São Luís aborda diretamente a questão da transição da Terra, de planeta de expiações e provas para mundo de regeneração, colocando de forma clara que aqueles que não se coadunarem com a proposta de Jesus de implantar o Reino de Deus na Terra serão exilados em mundos inferiores à Terra.

São Luís faz também uma conclamação muito clara para que todos os homens de fé e boa vontade trabalhem pela implantação da obra de regeneração na Terra.

Está havendo uma intervenção divina no planeta, a partir de benfeitores espirituais, que trabalham em nome de Deus e de Jesus, enviando os Espíritos que não poderão mais reencarnar na Terra para outro planeta, mais primitivo. Ao mesmo tempo, milhões de Espíritos de alta envergadura moral estão reencarnando na Terra, para auxiliar na transição planetária.

Os Espíritos benfeitores, em nome de Deus, vêm trabalhando ativamente pela regeneração do planeta. Contudo, a intervenção divina não substitui a parte que nos cabe fazer, isto é, o nosso próprio processo de autotransformação por amor ao bem, para que sirvamos de exemplo aos que ainda são tímidos no exercício do Bem maior. Ao mesmo tempo, cabe a nós, também, fazer toda a divulgação possível da proposta de Jesus para a Humanidade a ser regenerada.

Estudemos alguns textos do livro *A Gênese*, de Allan Kardec, capítulo XVIII itens 2, 5 e 6.

[...] o nosso globo, como tudo o que existe, está submetido à lei do progresso. Ele progride, fisicamente, pela transformação dos elementos que o compõem e, moralmente, pela depuração dos Espíritos encarnados e desencarnados que o povoam. Ambos esses progressos se realizam paralelamente, porquanto o melhoramento da habitação guarda relação com o do habitante. Fisicamente, o globo terráqueo há experimentado transformações que a Ciência tem comprovado e que o tornaram sucessivamente habitável por seres cada vez mais aperfeiçoados. Moralmente, a Humanidade progride pelo desenvolvimento da inteligência, do senso moral e do abrandamento dos costumes. Ao mesmo tempo que o melhoramento do globo se opera sob a ação das forças materiais, os homens para isso concorrem pelos esforços de sua inteligência. Saneiam as regiões insalubres, tornam mais fáceis as comunicações e mais produtiva a terra.

Na época de Allan Kardec, as comprovações científicas estavam se iniciando. Hoje existe toda uma ciência que estuda os vários períodos de evolução do nosso planeta nos aspectos físicos e biológicos. Temos também dois livros memoráveis, na literatura mediúnica, que abordam a evolução do planeta: *A Caminho da Luz*, de Emmanuel, e *Evolução em Dois Mundos*, de André Luiz, ambos psicografados por Francisco Cândido Xavier.

De duas maneiras se executa esse duplo progresso: uma, lenta, gradual e insensível; a outra, caracterizada por mudanças bruscas, a cada uma das quais corresponde um movimento ascensional mais rápido, que assinala, mediante impressões bem acentuadas, os períodos progressivos da Humanidade. Esses movimentos, subordinados, *quanto às particularidades*, ao livre-arbítrio dos homens, são, de certo modo, fatais em seu conjunto, porque estão sujeitos a leis, como os que se verificam na germinação, no crescimento e na maturidade das plantas. Por isso é que o movimento progressivo se efetua, às vezes, de modo parcial, isto é, limitado a uma raça ou a uma nação, doutras vezes, de modo geral.

Neste texto, Allan Kardec aborda a existência de dois tipos de mudança, uma lenta e outra abrupta. Qual é a lenta e qual é a abrupta? Existem mudanças físicas graduais que ninguém percebe. Existem, também, mudanças físicas abruptas proporcionadas pelos flagelos destruidores e que geram desencarnações coletivas, produzindo uma comoção social, mas, também, permitindo que o progresso se dê mais rapidamente.

A Terra tem passado por muitos flagelos, cuja frequência e intensidade serão acentuadas, de forma a preparar o planeta para a regeneração. Ao mesmo tempo, a comoção social gerada por esses flagelos fará com que os seres humanos repensem a forma como concebem a vida, o que imprimirá maior rapidez ao avanço moral.

Os progressos físico e moral, que antes aconteciam de forma mais parcial, tenderão a se tornar cada vez mais gerais.

O progresso da Humanidade se cumpre, pois, em virtude de uma lei. Ora, como todas as leis da Natureza são obra eterna da sabedoria e da presciência divinas, tudo o que é efeito dessas leis resulta da vontade de Deus, não de uma vontade acidental e caprichosa, mas de uma vontade imutável. Quando, por conseguinte, a Humanidade está madura para subir um degrau, pode dizer-se que são chegados os tempos marcados por Deus, como se pode dizer também que, em tal estação, eles chegam para a maturação dos frutos e sua colheita.

Este texto de Kardec é muito importante para reflexões em torno de questões fundamentais. O codificador diz que *as leis da na-*

tureza são obra eterna da sabedoria e da presciência divinas. O que isso significa? Que essas leis são imutáveis. Deus não criaria uma lei para mudá-la depois. Somente nós, seres humanos falíveis, devido à nossa imperfeição, criamos e revogamos leis, em constante processo de aperfeiçoamento.

Indo de encontro à sabedoria divina, Espíritos há que ditam livros propondo estranhas teses. Para eles, na transição planetária, poderia haver um descumprimento das leis divinas naturais, especialmente a da gravitação universal, conforme veremos adiante. Se um Espírito propõe algo assim, ele se revela pseudossábio, pois os Espíritos realmente sábios têm plena consciência de que as leis divinas são fruto da Inteligência Suprema e, logo, imutáveis.

Tudo que está acontecendo, agitando o meio físico do orbe, é resultado da vontade soberana de Deus e se coaduna com a lei de progresso, mesmo os flagelos destruidores de centenas de milhares de vidas. Todos que perecem nesses flagelos estão expiando crimes cometidos contra as leis divinas.

Essas situações dolorosas nos convidam a sério aprendizado para que possamos conceber a vida de uma forma mais amorosa, tornando-nos brandos e humildes de coração, como ensina Jesus. Todos somos convidados a repensar a vida, tanto os que passam diretamente pelos flagelos destruidores, quanto os expectadores indiretos.

A Humanidade tem realizado, até ao presente, incontestáveis progressos. Os homens, com a sua inteligência, chegaram a resultados que jamais haviam alcançado, sob o ponto de vista das ciências, das artes e do bem-estar material. Resta-lhes ainda um imenso progresso a realizar: o de *fazerem que entre si reinem a caridade, a fraternidade, a solidariedade, que lhes assegurem o bem-estar moral*. Não poderiam consegui-lo nem com as suas crenças, nem com as suas instituições antiquadas, restos de outra idade, boas para certa época, suficientes para um estado transitório, mas que, havendo dado tudo o que comportavam, seriam hoje um entrave. Já não é somente de desenvolver a inteligência o de que os homens necessitam, mas de elevar o sentimento e, para isso, faz-se preciso destruir tudo o que superexcite neles o egoísmo e o orgulho.

Se isso era verdadeiro no século XIX, o é muito mais agora, no século XXI. Nunca estivemos tão avançados em inteligência e em tecnologia, como hoje, mas, ao mesmo tempo, a iniquidade atinge o auge, fruto do egoísmo e do orgulho que impedem a prática da caridade, da fraternidade e da solidariedade.

Há necessidade urgente de mudança de todas as nossas instituições, tendo como base o amor, a solidariedade e a fraternidade que deverão imperar na Terra, quando se tornar planeta de regeneração.

Tal o período em que doravante vão entrar e que marcará uma das fases principais da vida da Humanidade. Essa fase, que neste momento se elabora, é o complemento indispensável do estado precedente, como a idade viril o é da juventude. Ela podia, pois, ser prevista e predita de antemão e é por isso que se diz que são chegados os tempos determinados por Deus.

Segundo uma visão coletiva, já passamos pela infância, quando a Terra era um mundo primitivo, estamos concluindo a juventude como mundo de expiações e provas e vamos entrar numa idade madura, a de planeta de regeneração.

Nestes tempos, porém, **não se trata de uma mudança parcial**, de uma renovação limitada a certa região, ou a um povo, a uma raça. **Trata-se de um movimento universal**, a operar-se no sentido do progresso moral. Uma nova ordem de coisas tende a estabelecer-se, e **os homens, que mais opostos lhe são, para ela trabalham a seu mau grado**. A geração futura, desembaraçada das escórias do velho mundo e formada de elementos mais depurados, se achará possuída de ideias e de sentimentos muito diversos dos da geração presente, que se vai a passo de gigante. O velho mundo estará morto e apenas viverá na História, como o estão hoje os tempos da Idade Média, com seus costumes bárbaros e suas crenças supersticiosas. (grifos nossos)

Portanto, tudo que estamos vivenciando não é fruto de uma mudança parcial. Outras aconteceram no passado e foram parciais, mas esta pela qual estamos passando, a do final dos tempos, é uma mudança geral no planeta inteiro. Como diz Kardec, todos aqueles que se opõem a essa mudança, seja na dimensão física, seja na espiritual, trabalham ao seu mau grado. Assim, todos os que tentarem fazer com que a Terra permaneça como está não conseguirão o seu intento, e estarão sendo exilados em outro planeta.

Como já repetimos, Espíritos empedernidos no mal estão sendo retirados do planeta. A cada geração as pessoas que já têm uma propensão ao bem vão reencarnando sem o mal contumaz que obstaculiza o progresso, pois as regiões das trevas e umbralinas estão sendo esvaziadas. Com isso vai havendo toda uma mudança na Terra, a partir da dimensão espiritual que repercute na dimensão física.

Aliás, todos sabem quanto ainda deixa a desejar a atual ordem de coisas. Depois de se haver, de certo modo, considerado todo o bem-estar material, produto da inteligência, logra-se compreender que o complemento desse bem-estar somente pode achar-se no desenvolvimento moral. Quanto mais se avança, tanto mais se sente o que falta, sem que, entretanto, se possa ainda definir claramente o que seja: é isso efeito do trabalho íntimo que se opera em prol da regeneração. **Surgem desejos, aspirações, que são como que o pressentimento de um estado melhor**. (grifos nossos)

Vejamos que essas palavras de Allan Kardec são muito significativas e muito atuais. Em nossos dias, temos visto todo um bem-estar material jamais imaginado pela Humanidade, mas sentimos, coletivamente, que algo falta. É exatamente o amor, é a fraternidade, é a solidariedade entre as pessoas de um mesmo país e entre os diferentes países entre si. Há um clamor nessa direção, e para identificá-lo basta termos olhos de ver. Há o cansaço de uma vida superficial, geradora do vazio existencial. Há um desejo do bem na maioria das pessoas. O que significa isso? São pressentimentos de um estado melhor, como diz Kardec. Esse desejo termina por despertar uma vontade ativa de mudança, fazendo com que efetivamente as coisas melhorem.

2
A GRANDE TRANSIÇÃO

E, se aqueles dias não fossem abreviados, nenhuma carne se salvaria; mas, por causa dos escolhidos, serão abreviados aqueles dias. Mateus 24:22

Iniciaremos o estudo deste capítulo com a mensagem *"A Grande Transição"*, da Veneranda Benfeitora Joanna de Ângelis, publicada no livro *Jesus e Vida*, psicografia de Divaldo Franco.

Opera-se, na Terra, neste largo período, a grande transição anunciada pelas Escrituras e confirmada pelo Espiritismo.

O planeta sofrido experimenta convulsões especiais, tanto na sua estrutura física e atmosférica, ajustando as suas diversas camadas tectônicas, quanto na sua constituição moral.

Isto porque, os Espíritos que o habitam, ainda caminhando em faixas de inferioridade, estão sendo substituídos por outros mais elevados que o impulsionarão pelas trilhas do progresso moral, dando lugar a uma era nova de paz e de felicidade.

Os espíritos renitentes na perversidade, nos desmandos, na sensualidade e vileza, estão sendo recambiados lentamente para mundos inferiores onde enfrentarão as consequências dos seus atos ignóbeis, assim renovando-se e predispondo-se ao retorno planetário, quando recuperados e decididos ao cumprimento das leis de amor.

A benfeitora Joanna de Ângelis inicia a mensagem abordando as escrituras, que estudamos no capítulo anterior, parte das previsões de Jesus, anotadas no capítulo 24 por Mateus.

A benfeitora se refere às mudanças nos aspectos físico, atmosférico e tectônico, às camadas tectônicas que estão sendo ajustadas para que se estabilizem, para que depois de iniciada a fase da regeneração, não ocorram mais terremotos, nem maremotos, muito menos secas e inundações, furacões, nevascas, ondas de calor intenso, enfim, toda a sorte de flagelos destruidores que são próprios de planetas primitivos e de expiações e provas.

A par das alterações físicas, moralmente as mudanças serão até mais expressivas pela substituição dos Espíritos empedernidos no mal, que já não reencarnarão na Terra, por outros propícios ao bem.

É importante lembrarmos que o exílio não é uma punição, mas o recambiamento para um ambiente mais favorável, no qual esses Espíritos possam aprender a desenvolver o amor, a mansidão, a humildade, a fraternidade, a solidariedade, as virtudes do coração, enfim, para que possam retornar à Terra regenerada mais tarde.

Percebamos que esse exílio tem um duplo objetivo: propicia uma renovação mais rápida, porque no ambiente hostil esses Espíritos vão utilizar a inteligência para superar as agruras da vida primitiva, contribuindo com a evolução do planeta que os abrigarão. Ao mesmo tempo, pela saudade que sentirão daqueles afetos que permaneceram na Terra, vão desejar se moralizar para retornar ao seio de seus queridos. Outro objetivo é impedir que os Espíritos encarnados empedernidos no mal, fomentados pelos desencarnados, possam destruir o planeta. Por isso, os dias da transição serão abreviados pelo exílio desses Espíritos, para que na Terra, em breve, reine o amor e o bem.

Uma lei divina natural norteia todo esse processo: a lei de solidariedade. Existe uma solidariedade entre os vários mundos habitados no Universo inteiro. Os que têm mais sempre vão auxiliar aqueles que têm menos. Por isso, enquanto Espíritos são exilados para não criarem mais problemas para si mesmos e para a coletividade, outros mais elevados renascem no planeta para auxiliarem na grande transição.

Por outro lado, aqueles que permaneceram nas regiões inferiores estão sendo trazidos à reencarnação de modo a desfrutarem da oportunidade de trabalho e de aprendizado para modificação dos hábitos infelizes a que se têm submetido, podendo avançar sob a governança de Deus.

Caso se oponham às exigências da evolução, também sofrerão um tipo de expurgo temporário para regiões primárias entre as raças atrasadas, tendo o ensejo de ser úteis e de sofrer os efeitos danosos da sua rebeldia.

A misericórdia divina é muito grande e sempre dá oportunidade de renovação àqueles que a desejam. Por isso, os Espíritos que minimamente demonstrarem condições de se modificarem estão sendo trazidos à reencarnação como última oportunidade para que possam avançar em direção a Deus. Caso não se renovem, serão também exilados.

Concomitantemente, Espíritos nobres que conseguiram superar os impedimentos que os retinham na retaguarda, estarão chegando, a fim de promoverem o bem e alargarem os horizontes da felicidade humana, trabalhando infatigavelmente na reconstrução da sociedade, então fiel aos desígnios divinos.

Da mesma forma, missionários do amor e da caridade, procedentes de outras Esferas, estarão revestindo-se da indumentária carnal, para tornar essa fase de luta iluminativa mais amena, proporcionando condições dignificantes que estimulem ao avanço e à felicidade.

Espíritos nobres estão reencarnando e muitos mais reencarnarão nos próximos anos para a reconstrução da sociedade. A própria Joanna de Ângelis vai reencarnar, juntamente com Francisco de Assis e muitos outros Espíritos luminares da Humanidade, com o fim auxiliarem no preparo de todo o planeta para a regeneração.

Joanna nos fala de Espíritos missionários do amor e da caridade que, vindos de outros planetas, também reencarnarão para amenizar as iniquidades que estamos vivendo, como veremos adiante.

Não serão apenas os cataclismos físicos que sacudirão o planeta, como resultado da *lei de destruição*, geradora desses fenômenos, como ocorre com o outono que derruba a folhagem das árvores, a fim de que possam enfrentar a invernia rigorosa, renascendo exuberantes com a chegada da primavera, mas também os de natureza moral, social e humana que assinalarão os dias tormentosos que já se vivem.

Os combates apresentam-se individuais e coletivos, ameaçando de destruição a vida com hecatombes inimagináveis, como se a mesma pudesse ser aniquilada...

A loucura, decorrente do materialismo dos indivíduos, atira-os nos abismos da violência e da insensatez, ampliando o campo do desespero que se alarga em todas as direções.

Esfacelam-se os lares, desorganizam-se os relacionamentos afetivos, desestruturam-se as instituições, as oficinas de trabalho convertem-se em áreas de competição desleal, as ruas do mundo transformam-se em campos de lutas perversas, levando de roldão os sentimentos de solidariedade e de respeito, de amor e de caridade...

A turbulência vence a paz, o conflito domina o amor, a luta desigual substitui a fraternidade.

... Mas essas ocorrências são apenas o começo da grande transição...

Apesar de todas as ocorrências a que a benfeitora se reporta, é fundamental sempre lembrar que tudo que está acontecendo está sendo supervisionado diretamente por Jesus e pela sua plêiade de auxiliares para que se cumpram as leis divinas.

Os acontecimentos estão como o previsto e planejado por Deus e por Jesus para o planeta Terra. Por isso, não devemos ter medo do futuro. Façamos a nossa parte, trabalhando pela nossa autotransformação no presente, que o futuro será bem melhor tanto individual quanto coletivamente.

Joanna de Ângelis informa que estamos apenas no começo da grande transição. Ainda não chegamos ao auge das dores e dos sofrimentos. Por essa razão, mais do que anteriormente, a Humanidade precisa dos verdadeiros cristãos, precisa muito do Evangelho redivivo pela Doutrina Espírita. Cada um de nós tem o grande compromisso de levar adiante, nestes dias tumultuados, a mensagem amorosa e consoladora de Jesus, pura e cristalina como Ele nos legou.

É para este instante grave que o Consolador veio ao mundo, para que possamos amenizar o sofrimento que campeia intensamente e que irá se ampliar nos próximos anos, conforme nos têm dito os Espíritos superiores.

Para isso é imprescindível adentrarmo-nos no conhecimento espírita com profundidade, para que possamos nos autoconsolar, e, ao mesmo tempo, ter argumentos precisos para consolar os que se aproximem de nós.

Jesus conta conosco nesta fase da grande transição. Façamos a nossa parte!

> A fatalidade da existência humana é a conquista do amor que proporciona plenitude.
> Há, em toda parte, uma destinação inevitável, que expressa a ordem universal e a presença de uma Consciência Cósmica atuante.

A benfeitora aborda aqui o objetivo da existência humana e a presença de uma Consciência Cósmica atuante. Muitas pessoas observando tudo que tem acontecido nesta grande transição ficam desesperançadas, esperando somente o pior. Contudo, é fundamental perceber que Deus segue presidindo tudo em sua Onisciência, Onipotência e Onipresença.

Façamos uma analogia para melhor entendimento. Parece que estamos vivenciando uma catástrofe atrás da outra. Isso é verdade? Ou estamos vivenciando um caos? Qual a diferença entre catástrofe e caos? Uma bomba explodindo em nossa casa significa uma catástrofe. Já uma reforma em nossa casa é um caos, porque tudo fica desordenado a princípio, mas depois a casa se torna muito melhor.

A Terra, que é a nossa casa coletiva, está sendo reformada com um planejamento muito bem elaborado por arquitetos universais, que, conforme diz Emmanuel, no livro *A Caminho da Luz*, psicografia de Francisco Cândido Xavier, fazem parte da equipe de Jesus desde a formação da Terra. São Espíritos iluminados que estão co-ordenando tudo. Tenhamos a certeza disso.

A rebeldia, que predomina no comportamento humano, elegeu a violência como instrumento para conseguir o prazer que lhe não chega da maneira espontânea, gerando lamentáveis consequências, que se avolumam em desaires contínuos.

É inevitável a colheita da sementeira por aquele que a fez, tornando-se rico de grãos abençoados ou de espículos venenosos.

Como as leis da vida não podem ser derrogadas, toda objeção que se lhes faz converte-se em aflição, impedindo a conquista do bem-estar.

Da mesma forma, como o progresso é inevitável, o que não seja conquistado através do dever, sê-lo-á pelos impositivos estruturais de que o mesmo se constitui.

Todos aqueles que tentarem obstaculizar as leis divinas, principalmente a maior, que é a lei de amor, justiça e caridade, sofrerão, pela lei de causa e efeito, as consequências devidas, pois os desígnios divinos nunca poderão ser impedidos. A semeadura é livre, mas a colheita é obrigatória. Se semearmos flores, vamos colher flores; se semearmos espinhos, vamos colher espinhos.

Todas as vezes em que qualquer um de nós se recusar à prática do dever, os impositivos estruturais do progresso nos remeterão à dor e ao sofrimento que tomarão conta de nós para que possamos amansar a rebeldia, humildar o orgulho e transmutar o desamor em amor, conforme Jesus ensina na "Parábola da Grande Ceia", narrada por Lucas no capítulo 14 vv. 16 a 23.

Jesus diz o seguinte:

Porém, ele lhe disse: Um certo homem fez uma grande ceia, e convidou a muitos.

E à hora da ceia mandou o seu servo dizer aos convidados: Vinde, que já tudo está preparado.

E todos começaram a escusar-se. Disse-lhe o primeiro: Comprei um campo, e importa ir vê-lo; rogo-te que me hajas por escusado.

E outro disse: Comprei cinco juntas de bois, e vou experimentá-los; rogo-te que me hajas por escusado.

E outro disse: Casei, e portanto não posso ir.

E, voltando aquele servo, anunciou estas coisas ao seu senhor. Então o pai de família, indignado, disse ao seu servo: Sai depressa pelas ruas e bairros da cidade, e traze aqui os pobres, e aleijados, e mancos e cegos. E disse o servo: Senhor, feito está como mandaste; e ainda há lugar.

E disse o senhor ao servo: Sai pelos caminhos e atalhos, e força-os a entrar, para que a minha casa se encha.

Façamos uma exegese psicológica transpessoal dos versículos dessa parábola.

Quem é esse homem quando Jesus diz: *Um certo homem*? Esse homem representa, na parábola, Deus.

Fez uma grande ceia. O que é essa grande ceia? A grande ceia, na verdade, são as oportunidades reencarnatórias que temos para desenvolver as virtudes, as chamadas qualidades do coração, as virtudes fundamentais para tornar a nossa vida mais consciente. As iguarias servidas na ceia são essas virtudes, que já trazemos de forma latente dentro de nós e que nos cabe desenvolver gradativamente, quando reencarnamos.

No versículo 17 Jesus diz: *E à hora da ceia mandou o seu servo dizer aos convidados: Vinde, que já tudo está preparado.*

Isso significa que todos nós, quando reencarnamos, somos convidados a compartilhar dessa grande ceia, a compartilhar desse convite amoroso para usufruir essas iguarias, em que vamos desenvolvendo as virtudes do coração, as virtudes do amor, da caridade, da mansidão, da humildade, da serenidade e muitas outras ao longo da vida.

E todos começaram a escusar-se. Disse-lhe o primeiro: Comprei um campo, e importa ir vê-lo; rogo-te que me hajas por escusado.

O primeiro disse que não poderia ir até a grande ceia porque havia comprado um campo que era mais importante do que a ceia que o Senhor havia preparado.

E outro disse: Comprei cinco juntas de bois, e vou experimentá-los; rogo--te que me hajas por escusado. Aqui, os bois são mais importantes do que a ceia que o Senhor havia preparado.

E outro disse: Casei, e portanto não posso ir. Esse terceiro precisava, muito provavelmente, ir para a lua de mel usufruir das delícias do sexo e, portanto, não poderia aceitar o convite do Senhor para a grande ceia.

Os três primeiros convidados representam todos aqueles que estão voltados para uma vida puramente sensual, materialista, hedonista, em que o que importa é o sexo, o dinheiro, o poder, enfim, todas as questões utilitaristas e materialistas.

> E, voltando aquele servo, anunciou estas coisas ao seu senhor. Então o pai de família, indignado, disse ao seu servo: Sai depressa pelas ruas e bairros da cidade, e traze aqui os pobres, e aleijados, e mancos e cegos. E disse o servo: Senhor, feito está como mandaste; e ainda há lugar.
>
> E disse o senhor ao servo: Sai pelos caminhos e atalhos, e força-os a entrar, para que a minha casa se encha.

O Senhor pede, então, para o servo buscar todos aqueles que estavam numa situação de necessidade, trazendo-os para a grande ceia.

Quando o servo diz que ainda havia lugar, o Senhor pede que ele volte e busque nos atalhos da cidade e force aqueles que precisavam vir para a grande ceia a entrar, para que a casa se enchesse.

Aprofundemos um pouco mais na explicação transpessoal da parábola. Já vimos que a grande ceia são as virtudes que Deus nos convida a desenvolver ao longo das nossas várias encarnações.

Quem é o primeiro servo?

O **primeiro servo** é o **amor provacional**, que nos convida a passar pelas provações que estarão nos auxiliando a desenvolver as virtudes do coração.

Deus sempre nos convida amorosamente à prática e desenvolvimento das virtudes no coração pelo conhecimento da verdade, nas várias existências sucessivas até a felicidade plena, quando nos aproximaremos d'Ele, conforme nos diz a questão 115 de *O Livro dos Espíritos*.

O amor é o primeiro servo que Deus nos envia. Quando o servo amoroso vem e nos convida, dizendo que existe uma Grande Ceia, com muitas iguarias que devemos conquistar, o que pretextamos na maioria das vezes? Devido à ação da subconsciência que ainda nos caracteriza, preferimos uma vida totalmente material, totalmente voltada para as questões secundárias da vida e deixamos de lado o convite do Senhor.

Podemos fazer isso? Nós podemos utilizar o nosso livre-arbítrio para viver de uma forma subconsciente não indo ao encontro das virtudes necessárias à nossa evolução? Podemos, mas não nos convém agir assim, porque se nós não aceitarmos os convites do primeiro servo, que é o amor provacional, para desenvolver um processo de maior consciência frente à vida e desenvolver as virtudes que nos cabem, virá o segundo o servo para nos convidar.

Quem é o segundo servo?

O **segundo servo** é a **dor expiatória**. Por isso, o segundo convite vem para as pessoas que estão cegas, mancas, surdas, ou que, mendigando, simbolizam com a expiação das suas ações contrárias às leis divinas o mau uso dos recursos divinos em uma existência anterior.

Muitas das pessoas que estão, verdadeiramente, num processo expiatório já estão um pouco mais humildadas no seu orgulho, um pouco mais amansadas em sua rebeldia. Quando a expiação é realmente aceita, as pessoas retornam, a partir da dor, ao caminho do amor, do qual não deveriam ter se afastado alegando que tinham coisas mais importantes a fazer.

Nessa posição, um tanto resignadas, aceitam o convite do Senhor para ir até a Grande Ceia, para desenvolver as virtudes do coração, as iguarias da Ceia. Todas já haviam sido convidadas pelo servo amoroso, mas como recusaram o convite, receberam o segundo servo, que é a dor expiatória. A partir dessa dor, elas farão a conquista das virtudes que não quiseram obter pelo amor.

Muitas vezes, porém, quando a dor expiatória chega, nem todos aceitam o seu convite, preferindo continuar se rebelando contra as leis divinas, contra a lei maior, a lei de amor, que a todo tempo nos convida ao desenvolvimento das virtudes. Muitos entram num movimento de revolta surda contra tudo e todos, principalmente contra as leis divinas presentes em sua própria consciência.

Aí surge o terceiro servo. Quem é ele?

O **terceiro servo** é o **sofrimento**. Percebamos que Jesus diz que o terceiro servo sai pelos atalhos, forçando as pessoas a entrar para a Ceia. O sofrimento de fato força a pessoa a se encaminhar até a Grande Ceia, porque ninguém gosta de sofrer. Cedo ou tarde, o sofrimento leva o ser a buscar as virtudes necessárias ao seu próprio equilíbrio, a humildar o orgulho e a amansar a rebeldia, para que possa transformar em amor o desamor que até então nutria.

O sofrimento força a pessoa a buscar as virtudes necessárias para seu próprio equilíbrio.

Diante da vida temos sempre três opções: seguir o convite do **amor provacional**, seguir o convite da **dor expiatória** ou aguardar pelo **sofrimento**, que já não faz um convite, porque cedo ou tarde o sofrimento no vem forçar a busca das virtudes, pois em sã consciência ninguém gosta de sofrer.

É muito importante refletir sobre a vida como chamamento ao aprendizado. Primeiramente, ela nos traz um convite amoroso. Se recusarmos o amor, chega-nos o segundo convite, a dor expiatória. Podemos, a partir dessa dor, retornar ao amor, aceitando a Grande Ceia, como Jesus nos explica na parábola, ou podemos ainda recusar veementemente o convite e esperar que o sofrimento venha.

Por isso, Joanna de Ângelis diz que o progresso não pode ser impedido, pois os que ousarem impedi-lo entrarão em sofrimento até que se cansem de sofrer e aceitem, mais mansos e humildes de coração, o convite para evoluir. Todos poderiam ter aceitado desde o início o chamado do amor, mas como a rebeldia é muito grande, a maioria de nós fica esperando a colheita dos espículos venenosos, em vez de buscar plantar os grãos abençoados do amor.

A melhor maneira, portanto, de compartilhar conscientemente da grande transição é através da consciência de responsabilidade pessoal, realizando as mudanças íntimas que se tornem próprias para a harmonia do conjunto.

Nenhuma conquista exterior será lograda se não proceder das paisagens íntimas, nas quais estão instalados os hábitos. Esses, de natureza perniciosa, devem ser substituídos por aqueles que são saudáveis, portanto, propiciatórios de bem-estar e de harmonia emocional.

Na mente do ser encontra-se a chave para que seja operada a grande mudança. Quando se tem domínio sobre ela, os pensamentos podem ser canalizados em sentido edificante, dando lugar a palavras corretas e a atos dignos.

O indivíduo que se renova moralmente contribui de forma segura para as alterações que se vêm operando no planeta.

Não é necessário que o turbilhão dos sofrimentos gerais o sensibilize, a fim de que possa contribuir eficazmente com os Espíritos que operam em favor da grande transição.

Dispondo das ferramentas morais do enobrecimento, torna-se cooperador eficiente, em razão de trabalhar junto ao seu próximo pela mudança de convicção em torno dos objetivos existenciais, ao tempo em que se transforma num exemplo de alegria e de felicidade geral.

O bem fascina a todos aqueles que o observam e atrai todos quantos se encontram distantes da sua ação, o mesmo ocorrendo com a alegria e a saúde.

Aqui Joanna de Ângelis destaca a importância da responsabilidade pessoal. A regeneração é coletiva a partir da regeneração individual, realizada pela autotransformação.

Mudar hábitos nocivos não é uma tarefa simples e rápida; é trabalhosa, mas sua realização é perfeitamente possível. Todos nós trazemos ínsitas em nós as possibilidades de mudança, desenvolvendo hábitos nobres e salutares. O grande problema é que a maioria quer derrogar uma lei divina, que, por ser natural, não pode ser derrogada. Qual é essa lei que muitos gostariam que não existisse? A lei do trabalho.

Muitos querem mudar as suas vidas sem trabalho, pois são adeptos de um preceito que não é divino: a lei do menor esforço, ou, como quer a maioria, a lei do nenhum esforço. É claro que não é possível a mudança sem trabalho, pois nada se conquista com preguiça e indolência e sem o trabalho na direção da mudança ninguém vai a lugar algum, conforme Jesus orienta em João 5: 17 – *E Jesus lhes respondeu: Meu Pai trabalha até agora, e eu trabalho também.*

O trabalho é, portanto, lei da vida, para que possamos realizar ações de transformação para melhor, sem dependermos do turbilhão de sofrimentos gerais que nos impulsiona à força.

Sem dúvidas, podemos ficar aguardando o turbilhão de sofrimentos, no rol dos indiferentes a tudo que está acontecendo. Temos o livre-arbítrio para fazer essa escolha, mas não nos convém agir assim.

Para que sejamos cooperadores eficientes, como convida a benfeitora Joanna de Ângelis, é necessário que nos decidamos por fazer o bem no limite de nossas forças, conforme recomenda *O Livros dos Espíritos* na questão 642.

Cada um deve auscultar a própria consciência e se perguntar: *estou realizando todos os esforços possíveis para contribuir eficazmente com os Espíritos que operam em favor da grande transição, realizando todo o bem que posso no limite de minhas forças, ou não?* A nossa consciência dará a resposta. Se você estiver fazendo tudo o que pode, a sua consciência estará tranquila; caso contrário, o alertará para que comece a fazer algo mais. Por isso, ausculte a sua consciência de forma autêntica, sem subterfúgios, e aja.

Seria muito bom se todos nós que participamos do Movimento Espírita refletíssemos bem sobre tudo isso para realizar aquilo que realmente podemos em favor da grande transição, porque se trata de compromisso individual que cada um de nós assumiu. Não é por acaso que estamos reencarnados nestes tempos de transição sob a luz do Consolador prometido por Jesus. Temos um compromisso perante a nossa própria consciência e a coletividade. Podemos não o aceitar, mas com certeza não nos convém fazer isso. Um compromisso assim dá muito trabalho, mas valerá a pena.

São eles que proporcionam o maior contágio de que se tem notícia e não as manifestações aberrantes e afligentes que parecem arrastar as multidões. Como escasseiam os exemplos de júbilo, multiplicam-se os de desespero, logo ultrapassados pelos programas de sensibilização emocional para a plenitude.

Meditemos mais uma vez na resposta da questão 642 de *O Livro dos Espíritos*: *Para agradar a Deus e assegurar a sua posição futura, bastará que o homem não pratique o mal?* "Não; cumpre-lhe fazer o bem no limite de suas forças, porquanto responderá por todo mal *que haja resultado de não haver praticado o bem.*"

A orientação de Joanna de Ângelis tem tudo a ver com a resposta dos benfeitores a Allan Kardec. Ao realizarmos o bem com alegria e felicidade no limite de nossas forças, um contentamento surge espontâneo dentro de nós, e podemos repassá-lo pelas nossas palavras, seja na tribuna espírita, seja no atendimento fraterno, seja numa atividade do serviço assistencial, ou em qualquer outra atividade do Centro Espírita, ou mesmo numa conversa em nosso trabalho, ou num diálogo com um familiar. Em quaisquer circunstâncias podemos ser exemplos de júbilo, minorando a desesperança que está cada vez mais intensa. Individual e coletivamente necessitamos de esperança verdadeira, não de uma esperança falsa, calcada em transformações falseadas, mas em transformações reais e possíveis. Esse é o compromisso que todos nós assumimos, agraciados pela Luz do Consolador.

No entanto, caso escasseiem os exemplos de júbilo em nós, conforme dizem a benfeitora e os benfeitores a Allan Kardec, responderemos por todo o mal que advier de não termos feito o bem.

A grande transição prossegue, e porque se faz necessária, a única alternativa é examinar-lhe a maneira como se apresenta e cooperar para que as sombras que se adensam no mundo sejam diminuídas pelo sol da imortalidade.

Nenhum receio deve ser cultivado, porque, mesmo que ocorra a morte do indivíduo, esse fenômeno natural é somente veículo da vida que se manifestará permanente em outra dimensão.

Todo processo da grande transição prossegue e, como diz Joanna de Ângelis, a única alternativa positiva é nos tornarmos cooperadores, operando a nossa autotransformação, que é intransferível, e, ao mesmo tempo, auxiliando os benfeitores da Humanidade para que aconteça a transformação coletiva.

A vida sempre responde conforme as indagações morais que lhe são dirigidas.

As aguardadas mudanças que se vêm operando trazem uma ainda não valorizada contribuição, que é a erradicação do sofrimento das paisagens espirituais da Terra.

Enquanto viceje o mal no mundo, o ser humano torna-se-lhe a vítima preferida, em face do egoísmo em que se estorcega, apenas por eleição especial.

A dor momentânea que o fere, convida-o, por outro lado, à observância das necessidades imperiosas de seguir a correnteza do amor no rumo do oceano da paz.

Logo passado o período de aflição, chegará o da harmonia.

Até lá, que todos os investimentos sejam de bondade e de ternura, de abnegação e de irrestrita confiança em Deus.

Portanto, como conclui a benfeitora, ao mesmo tempo em que estamos vivenciando todas essas aflições, estamos caminhando a passos largos para erradicar definitivamente o sofrimento da Terra. Por isso, é fundamental investir na prática da bondade, da ternura, da abnegação e da irrestrita confiança em Deus.

Estudaremos, a seguir, alguns textos de uma obra memorável, já citada. Trata-se do livro *Transição Planetária*, de Manoel Philomeno de Miranda, psicografia de Divaldo Franco, que, em nossa opinião, é uma das obras mais significativas já publicadas até hoje no rol da literatura mediúnica.

Iniciaremos os nossos estudos com a transcrição da palestra de Dr. Artêmio Guimarães, um benfeitor espiritual, médico especialista em reprodução humana, que aborda a grande transição:

> [...] Conforme assinalado por Jesus, no *sermão profético* registrado pelo evangelista Marcos, no capítulo 13 e seus versículos, vivemos a época dos sinais representativos das grandes mudanças que se operarão no planeta terrestre ao largo do evos.
>
> Posteriormente confirmadas as graves revelações por João evangelista, no seu memorável *Apocalipse*, vivemos já esses dias significativos, anunciadores das grandes transformações que se vêm apresentando no orbe amado.
>
> Muito antes deles, os profetas Isaías, Enoque e outros, também assinalaram os acontecimentos que deveriam suceder, graças aos quais um novo mundo rico de bênçãos surgiria para a Humanidade.
>
> Por sua vez, o calendário maia igualmente registra os graves sofrimentos para as criaturas terrestres deste período, com grande margem de acerto...

Vamos nos deter um pouco nesse parágrafo que aborda as profecias maias. Muitas pessoas desavisadas têm colocado que elas anunciam que a destruição do planeta ocorrerá em dezembro de 2012. Em verdade, os maias previram com grande margem de acerto, como diz o Dr. Artêmio, o período da grande transição, esse período de grave sofrimento, mas em que não haverá a destruição do planeta, apenas acontecimentos que visam à sua transformação para melhor.

Nostradamus, o mais célebre dos profetas, teve ocasião de assinalar os eventos dolorosos que se abateriam sobre os seres humanos, caso permanecessem nos comportamentos arbitrários que se têm permitido.

Mais recentemente Edgar Cayce previu mudanças muito acentuadas na geografia terrestre, em várias partes do seu país e noutros continentes, como resultado de fenômenos sísmicos definidores do novo mundo...

...E multiplicam-se, ao largo da História, as revelações em torno das ocorrências afligentes que se vêm apresentando em toda parte, chamando a atenção das criaturas humanas, que permanecem descuidadas, absorvidas pelos vapores do prazer e dos gozos desgastantes.

Os Espíritos do Senhor também referiram-se a esse respeito a Allan Kardec, durante a codificação dos seus ensinos, elucidando que ocorrências trágicas assolariam o planeta, trabalhando-lhe as estruturas físicas, morais e espirituais.

Periodicamente, profetas de ocasião e sensitivos dignos expressam os seus sentimentos e preocupações em torno das grandes mudanças que já acontecem, mas que se tornarão mais expressivas, caso a sociedade prossiga na correria desenfreada dos descalabros morais provocados pelo egotismo a que se aferra.

Tais fatalidades se expressam como efeito dos comportamentos primitivos que ainda nos permitimos, distanciados dos ensinamentos libertadores apresentados por Jesus, e de fácil vivência, desde que aplicados aos conceitos morais e espirituais vigentes na sociedade engessada na ignorância e no materialismo, mesmo aquela que se vincula teoricamente a determinadas crenças religiosas.

O Dr. Artêmio aborda várias profecias que têm como ponto comum a necessidade de mudança do ser humano para melhor. Ele faz um alerta muito interessante, dizendo que os postulados apresentados por Jesus são de fácil vivência, mas que para isso é necessário trabalhar em função de aplicar os conceitos evangélicos na própria vida. Portanto, se nós nos esforçarmos para vivenciar o Evangelho de Jesus, com certeza conseguiremos transformar a sociedade ora engessada na ignorância e no materialismo.

De certo modo, a paisagem das revelações apresenta-se dantesca, temerária. Não obstante a valiosíssima contribuição, em torno dos acontecimentos lutuosos, tem havido um grande olvido a respeito daquilo que acontecerá depois das ocorrências destruidoras.

Todas as profecias, no entanto, afirmam que surgirá um mundo melhor, uma nova Jerusalém, terras onde manarão leite e mel, paraíso de luz e beleza, por que não dizer, o reino dos céus na Terra mesma...

... E essa revelação é esquecida, porque ainda predomina em o espírito humano o interesse de informar sobre o apavorante e ameaçador, com esquecimento, proposital ou não, em torno das benesses do amor e da misericórdia de Deus para com as Suas criaturas.

Quando o evangelista João ouviu as graves revelações *seu coração ficou pesado,* e ele perguntou: – *Não há esperança?*

Havia muita aflição no *discípulo amado,* que logo escutou a resposta Formosa: *Sempre há esperança, ó tu, para quem o céu e a terra foram criados...*

Uma *segunda possibilidade* faz parte dos divinos planos, desde que as criaturas correspondam à expectativa do amor, gerando novos recursos em torno do bem, que produzirão efeitos edificantes.

Assim prossegue o grande vidente do *Apocalipse: Mas eu não vi o que aconteceu a eles, pois a minha visão mudou, e eu vi um novo céu e uma nova terra; pois o primeiro céu e a primeira terra haviam acabado...* A emoção tomou o apóstolo que então exultava, quando ouviu uma grande voz (dos seres angélicos) que dizia: *Não mais haverá morte, nem tristeza, nem choro, nem haverá mais dor.*

Muito interessante essa observação do Dr. Artêmio, pois todos os acontecimentos que estamos presenciando, por mais dolorosos que sejam, vão resultar na melhoria de todo o planeta e da Humanidade que o habita, cessando definitivamente o sofrimento na Terra, conforme já estudamos.

Contudo, com o objetivo de gerar o terror, muitos ficam repetindo à exaustão o anúncio de possíveis acontecimentos catastróficos. Espíritos das sombras, especialmente, utilizando médiuns fascinados, têm oferecido "revelações" falsas com o fim de acender o medo coletivo, para que as pessoas amedrontadas fiquem também desesperançadas.

Nosso compromisso, dentro do Movimento Espírita, é com a esperança de dias melhores, fruto da renovação do planeta para melhor. Cumpre-nos não amedrontar, mas sim sempre focar a necessidade de transformação para melhor, individual e coletiva, direcionando-nos ao amor e ao bem.

Ocorrerão essas bênçãos, porque Espíritos não comprometidos com o mal estarão no planeta construindo o reino dos céus nos corações e trabalhando eficazmente em favor da solidariedade atendida pelo amor.

Virão apressar o progresso moral, utilizando-se do intelectual e tecnológico para promover a fraternidade entre os povos, a fim de que os mais poderosos ajudem no desenvolvimento dos menos aquinhoados, substituindo a guerra pela solidariedade, a escravidão decorrente do comércio perverso pela liberdade de escolha e de trocas, combatendo as doenças pandêmicas e endêmicas, as degenerativas, que já não se justificarão, porque os membros da formosa família não estarão *assinalados* pelos débitos de grande porte...

Vemos pela descrição do Dr. Artêmio que o planeta vai mudar em todos os sentidos, economicamente e na área da saúde, que se tornará cada vez mais intensa, pois ficaremos livres dos processos expiatórios. Muitas mudanças para melhor podemos aguardar em todas as áreas de atuação humana.

O planeta renovado na sua constituição física, harmonizadas as placas tectônicas, diminuída a alta temperatura do magma vulcânico, muitos cataclismos que o assolavam e destruíam, desaparecerão, a pouco e pouco, apresentando-se com equilíbrio de temperatura, sem os calores calcinantes, nem os frios enregelantes, e com paisagens edênicas...

Aqui o Dr. Artêmio aborda aquilo que já comentamos, quando estudamos o texto da veneranda Joanna de Ângelis. Todo o planeta está sendo preparado para que a sua constituição física seja melhorada para receber em seu seio a Humanidade regenerada.

Adaptando-se às novas condições climáticas, o organismo físico experimentará modificações especiais, em razão também dos seres que o habitarão, imprimindo nele outros valores fisiopsicológicos, que irão contribuir para a sua evolução espiritual.

Será nesses corpos que estarão reencarnadas multidões de visitantes benéficos, contribuindo para o progresso da humanidade.

Concomitantemente, aqueles que puderem fruir desse momento, após a grande transição, graças ao pensamento e à iluminação interior, libertar-se-ão de órgãos desnecessários, mantendo formas gráceis e leves, compatíveis com a futura atmosfera física e moral da Terra feliz.

Até os nossos corpos vão se modificar, passando por mutações, para que se tornem mais leves, livres de órgãos hoje imprescindíveis, mas que se tornarão desnecessários.

Além de nos auxiliar no progresso moral, outro dentre os objetivos dos Espíritos que vêm de um dos planetas do sistema de Alcíone, *os visitantes benéficos*, no dizer do Dr. Artêmio, conforme veremos com mais detalhes adiante, é exatamente fazer isto: imprimir uma nova estrutura molecular nos corpos terrestres, possibilitando mudanças nos genes para que nossos corpos se tornem mais consentâneos com um mundo de regeneração.

Nesse comenos, os irmãos geradores de distúrbios e de conflitos, os guerreiros contumazes e os arruaceiros, aqueles que se comprazem nos campeonatos da perversidade, por sintonia vibratória transferir-se-ão para outro planeta cuja psicosfera seja compatível com as suas condições, recebendo-os em exílio temporário, quando aplicarão os conhecimentos tecnológicos para auxiliar os seus habitantes, sofrendo a dor da saudade, da separação dos afetos, e preparando-se moralmente para o retorno, para a ascensão...

Nunca se perdem os valores ante os Divinos Códigos, e o Pai Amantíssimo vela pelo Universo, havendo delegado a Jesus a criação e a governança da Terra, que vem conduzindo com inefável amor e ímpar compaixão, a fim de que os seus habitantes nos despojemos das imperfeições que nos retêm na retaguarda, e, como *filhos pródigos*, retornemos ao Seu rebanho.

Como já nos referimos, Jesus está no leme dessa grande embarcação chamada Terra. Tudo está sob o seu controle amoroso e sábio, conforme Ele mesmo diz: *Nenhuma das ovelhas que meu Pai me confiou se perderá.* Até os Espíritos empedernidos no mal que estão sendo exilados farão oportunamente o autoencontro, e como *filhos pródigos* retornarão à Casa do Pai, para evoluírem pelo amor ao Bem maior.

Estudaremos, a seguir, outro texto do livro *Transição Planetária* em que Philomeno de Miranda aborda as programações reencarnacionistas de Espíritos luminares para preparar a nova era:

O início da Era Nova programada por Jesus para o planeta amado, previa também o retorno de filósofos e sábios do passado, de alguns dos profetas antigos, de diversos criadores de religiões, dos pré-socráticos, dos nobres Espíritos do século IV a.C, como aqueles que antecederam ao nascimento do Messias e renasceram em Roma, preparando-lhe o advento...

De igual maneira, os iluminados pensadores da Escola neoplatônica de Alexandria, culminando, nos séculos III e IV, com os mártires, com os abnegados e os santos medievais, com os gloriosos lutadores da Renascença, da Reforma, da Contrarreforma, com os audaciosos construtores dos séculos XVII, XVIII, XIX...

Entre eles, os grandes missionários da Ciência e da tecnologia, tornando o século atual um verdadeiro santuário de amor, de beleza, de caridade, de iluminação espiritual...

Certamente que, em períodos diferentes, missionários do Bem e da Verdade estiveram na Terra, a fim de que nunca faltassem os ensinamentos superiores que facultam a libertação das amarras nas tendências perturbadoras das *más inclinações*.

Na atualidade, porém, ocorreria algo especial em relação aos insensatos e perversos, aqueles que ainda se comprazem no mal, que, desfrutando da feliz oportunidade de autorredenção, e não a aproveitando, em razão da sua sintonia com o primarismo, serão recambiados para mundos inferiores a eles equivalentes.

Nesses novos campos de luta, oferecerão os conhecimentos que amealharam na Terra, experimentarão as consequências da teimosa persistência no crime e na hediondez, até que se integrem nos compromissos edificantes e possam voltar à mãe-Terra, integrando-se-lhe no programa de sublimação.

Verdadeira revolução espiritual estava sendo travada no mundo das causas, a fim de que o advento do amor e da caridade, do bem e da misericórdia possa dar-se sem precipitação, dentro de uma programação muito bem elaborada, que não mais pode ser postergada.

Em realidade, nunca deixaram de, periodicamente, esses luminares da inteligência e do amor, renascer no mundo terrestre dando continuidade aos seus labores, às suas especialidades cada vez mais aprimoradas, facultando o progresso e a felicidade dos seres humanos em processo de crescimento para Deus.

Vinculados pelo amor ao serviço do desenvolvimento intelecto-moral do planeta, têm sido estrelas fulgurantes em noites escuras, diminuindo a treva e pondo claridade no zimbório celeste, por enquanto em sombras...

São eles que nos não deixam olvidar os compromissos com a verdade, exemplos de abnegação e devotamento que nos enriquecem de conhecimentos e de vibrações amorosas, a fim de que não desfaleçamos nas lutas pessoais... Anônimos uns, conhecidos outros, caracterizam-se pela conduta moral e espiritual que os torna superiores às épocas em que viveram, desenhando o futuro com os seus exemplos de sacrifício.

[...] De igual maneira, estarão reencarnando-se elevados Espíritos da filosofia e da arte, da religião e da política do passado, considerados *pais* dessas doutrinas, a fim de poderem reformular, atualizar e conduzir às origens do ideal, dos quais os seus postulados foram afastados, facilitando a transição da sociedade em outros segmentos de que se constitui.

Vejamos o quanto é grandiosa a informação repassada nesse texto. Como já vem ocorrendo na última década, nos próximos anos vai acontecer a reencarnação em massa de Espíritos que se destacaram em todas as épocas da Humanidade, na religião, nas ciências, na filosofia, nas artes transformando o século XXI em um "verdadeiro santuário de amor, de beleza, de caridade, de iluminação espiritual..."

Quando um desses Espíritos reencarna, já faz uma grande diferença no planeta, como aconteceu com Sócrates, Francisco de Assis, Clara de Assis, dentre outros. Imaginemos o que acontecerá quando eles reencarnarem numa mesma época! Quão grandioso será esse momento da Humanidade, e quanto de bem eles espargirão pelo Planeta!

E ainda há quem duvide de que Deus está intervindo por meio do exílio dos Espíritos empedernidos no mal, pela reencarnação dos Espíritos evoluídos de Alcíone e pela reencarnação em massa de Espíritos missionários ligados à própria Terra, cumprindo as leis divinas e não derrogando-as como pregam os pseudossábios. Tudo está planejado para que, por causa dos escolhidos, estes dias de sofrimento da grande transição sejam abreviados e marchemos definitivamente rumo à regeneração.

3
AS CONDIÇÕES ATUAIS
DO PLANETA

Nesse tempo, muitos serão escandalizados, e trair-se-ão uns aos outros, e uns aos outros se aborrecerão.

E, por se multiplicar a iniquidade, o amor de muitos se esfriará.

Porque haverá, então, grande aflição, como nunca houve desde o princípio do mundo até agora, nem tampouco haverá jamais. Mateus 24:10,12 e 21.

Vamos começar os nossos estudos por um texto do livro *Vitória sobre a depressão*, de Joanna de Ângelis, psicografia de Divaldo Franco, em que a mentora aborda a situação que vivemos hoje.

Numa cultura dedicada quase que exclusivamente ao erotismo, é natural que o hedonismo predomine nas mentes e nos corações.

Segundo o dicionário Aurélio, o hedonismo é a *doutrina que considera que o prazer individual e imediato é o único bem possível, princípio e fim da vida moral.*

Uma pessoa hedonista é aquela que busca cultuar o prazer a qualquer custo. O que lhe importa é o deleite imediato, sua única razão de existir. Vivemos em uma sociedade hedonista, em que o erotismo, a drogadição, o alcoolismo, a busca do dinheiro fácil e outras ações que produzem prazer imediato são vistos como caminhos válidos para a vida. Contudo, é justamente o prazer imediato que produz dor e sofrimento logo em seguida.

Como decorrência das calamidades produzidas pelas guerras contínuas de devastação com as suas *armas inteligentes* e de destruição em massa, o desespero substituiu a confiança que havia entre as criaturas, dando lugar ao desvario de todo porte que ora toma conta da sociedade.

Joanna de Ângelis aborda aqui a questão já prevista por Jesus, que estudamos no capítulo 1, sobre o flagelo da guerra, situação própria de uma sociedade doente em que o desespero toma conta dos corações.

A globalização, que se anunciava em trombetas como solução para os magnos problemas socioeconômicos do mundo, experimenta a grande crise, filha espúria da falência moral de muitos homens e mulheres situados na condição de executivos supremos, que regiam as finanças e os recursos de todos, naufragados por falta de dignidade, ora expungindo em cárceres os seus desmandos, deixando, porém, centenas de instituições de variado porte na falência irrecuperável...

Neste parágrafo, Joanna se refere aos últimos acontecimentos globais, em que, pela busca do dinheiro fácil, muitas pessoas, principalmente nos chamados países de primeiro mundo, que se dizem ultracivilizados, entraram em situações escusas, para auferir de pessoas e instituições os recursos monetários que lhes proporcionassem o prazer do ganho e do gasto fácil, deixando, porém, milhares de pessoas e instituições de aposentados na falência. Com isso, demonstram que apesar do verniz social a grande crise global é de natureza moral.

Como efeito, o sexo tornou-se o novo deus da cultura moderna, exaltado em toda a parte e elemento de destaque em todas as situações.

A benfeitora, com muita propriedade, diz que o sexo é o novo deus de nossa sociedade. Vive-se para o sexo e não como deveria ser – o sexo para a vida. Busca-se o sexo pelo sexo, pura e simplesmente.

Para muitos, as pessoas têm que fazer sexo para que possam viver bem; caso contrário, elas vão ter problemas de todos os tipos, físicos e emocionais. Se não buscarem o orgasmo a qualquer custo, elas são consideradas anormais, conceito que a mídia nos passa à exaustão.

Enquanto enxameiam as tragédias, os crimes seriais com o suicídio imediato dos seus autores, os *multiplicadores de opinião* utilizam-se da mídia alucinada para a saturação das mentes com as notícias perversas que estimulam psicopatas à prática de hediondez que não havia lhes alcançado a mente.

Quando acontece algum crime de repercussão nacional ou internacional, a mídia explora o fato até a saturação, enchendo a mente das pessoas de lixo, repercutindo na imaginação de outros psicopatas que, desejando também a projeção midiática, praticam outros crimes semelhantes, a partir do exemplo noticiado com detalhes sórdidos.

Pessoas, ditas famosas, na arte, no cinema, na televisão, exibem, sem pudor, as suas chagas morais, narrando os abortos que praticaram, a autorização para a eutanásia em seres queridos que lhes obstaculizavam o gozo juvenil, a multiplicação de parceiros sexuais, os adultérios por vingança ou simplesmente por vulgaridade, os preços a que se entregam, as perversões que os caracterizam, vilipendiando os sentimentos daqueles que os veem ou leem, estarrecidos uns, com inveja outros, em lamentável comércio de degradação.

Aqui a benfeitora aborda um grave problema social dos dias de hoje. Em uma sociedade superficial, as pessoas vivem não as suas próprias vidas, mas a dos chamados famosos. Querem saber todos os detalhes de suas vidas, que muitas vezes são recheadas de escândalos sórdidos, de práticas ilegais e imorais.

Os famosos, contudo, fomentados pela mídia que deles faz uso para obter audiência, agem como formadores de opinião, dirigindo subconscientemente a grande massa, que, sem discernimento, busca imitá-los em tudo. O resultado é uma sociedade cada vez mais superficial e doentia.

Jovens, masculinos e femininos, exibem-se no circo dos prazeres, na condição de escravos burlescos em revistas de sexo explícito ou em filmes de baixa qualidade, tornando-se ídolos da pornografia e da sensualidade doentia.

A pedofilia alcança patamares dantes nunca imaginados, graças à INTERNET que lhe abre portas ao infinito, quando pais insensatos vendem os filhinhos para o vil comércio do sexo infanto-juvenil, despedaçando-lhes a meninice que vai cruelmente assassinada.

Por outro lado, a prostituição de menores é cada vez maior, porque o cansaço dos viciados exige carnes novas para os apetites selvagens que os consomem.

Aqui Joanna de Ângelis faz referência a três graves problemas morais da sociedade atual: a pornografia desenfreada, a pedofilia e a prostituição de menores. A pornografia alcança índice de saturação, usando todas as mídias possíveis. A pedofilia, principalmente por meio da internet, se multiplica de uma forma assustadora, com crianças e adolescentes aliciados, muitas vezes, pelos próprios pais. A prostituição infanto-juvenil é outra realidade, especialmente nos países mais pobres, que se convertem em paraísos do turismo sexual para os endinheirados dos países ricos saciarem os seus apetites selvagens, como diz a mentora.

...E, porque vivem sempre entediados e sem estímulos novos, o alcoolismo, o tabagismo, a drogadição constitui o novo passo no rumo da violência, da depressão, do autocídio.

As estatísticas da loucura que toma conta do planeta, neste momento, são alarmantes.

Aqui a mentora Joanna de Ângelis destaca outra chaga social, muito comum nestes dias da grande transição: o tédio em relação à vida. De fato, em geral, ainda são poucos os que buscam o verdadeiro sentido da vida, aprofundando-se na sua causalidade espiritual.

O resultado de tudo isso é um aumento cada vez maior do alcoolismo, da drogadição, do tabagismo, que objetivam anestesiar a consciência dos que vivem essa vida sem sentido, conduzindo-os à depressão, ao suicídio, à violência...

A quantidade de pessoas em depressão aumenta de forma assustadora, a ponto de a Organização Mundial de Saúde alertar, como já dissemos, que a depressão configura a grande pandemia do século XXI.

A quantidade de suicídios tem aumentado também de forma alarmante, até entre crianças, cumprindo-se uma previsão que Allan Kardec faz na Revista Espírita, de outubro de 1866. Diz o codificador: "os suicídios multiplicando-se em proporção nunca vista, até entre as crianças" seria um dos sinais do final dos tempos.

[...] A desconsideração de muitos governantes em relação ao povo que estorcega na miséria, faz que as favelas e os morros vomitem os seus revoltados habitantes para as periódicas ondas de *arrastão* que estarrecem.

[...] As cidades, grandes e pequenas, tornam-se mais praças de guerras não-declaradas, porque as necessidades dos sofredores não são atendidas e alguns poderosos que governam, locupletam-se com os valores que deveriam ser destinados à educação, à saúde, ao trabalho, ao recreio dos cidadãos...

Aqui a mentora aborda outra grande chaga social, especialmente em nosso país, ligada à ação dos governantes que, ao invés de produzirem os bens para a sociedade que os elegeu para a administração dos recursos públicos, se locupletam com o dinheiro público, deixando o povo sem saúde, sem educação, sem segurança, sem trabalho, sem lazer digno. Esse estado de coisas produz revolta em uns, apatia em outros e inveja em muitos que gostariam de fazer a mesma coisa que os políticos corruptos fazem e deixam de exemplo.

É compreensível que aumentem as estatísticas das enfermidades dilaceradoras como o câncer, a tuberculose, as cardiovasculares, a AIDS, outras sexualmente transmissíveis, as infecções hospitalares, dentre diversas, acompanhadas pelos transtornos psicológicos e psiquiátricos que demonstram o atraso em que ainda permanecem as conquistas na área da saúde, embora as suas indescritíveis realizações...

O Ser humano estertora...

Joanna de Ângelis está nos falando do resultado de tudo isso que estamos vivenciando, ressaltando que apesar do avanço das ciências da saúde, as doenças de toda ordem tomam conta da sociedade, produzindo muito sofrimento. É um convite para que as pessoas possam repensar sobre os abusos que têm cometido contra a vida.

[...] Ainda se prolongará o reinado erótico por algum tempo, até o momento quando as Divinas Leis convidem os responsáveis pelo abuso ao comedimento, à reparação, encaminhando-os para mundos inferiores, onde se encontrarão sob a injunção de acerbas aflições, recordando o *paraíso* que perderam, mas que o podem alcançar novamente após as lutas redentoras.

Joanna finaliza o capítulo 3 do livro *Vitória sobre a depressão* dizendo que todos aqueles que estão se locupletando nesse reinado erótico descrito na mensagem serão encaminhados a mundos inferiores para poderem se renovar e, quiçá, retornar à Terra depois de regenerados.

Esse exílio, sobre o que já refletimos, não é um castigo para esses Espíritos, mas uma adequação às suas próprias condições de inferioridade. A Providência Divina os remete transitoriamente para mundos inferiores, nos quais vão aprender a ser brandos e humildes de coração, pelas agruras que vão encontrar nesses mundos, e, ao mesmo tempo, com essa medida, não mais aumentarão os seus débitos, pois estarão impedidos de obstaculizar o progresso da Terra. O culto a esse reinado erótico desaparecerá, então, completamente, do nosso mundo.

Estudaremos a seguir um texto de Philomeno de Miranda, colocado na introdução do seu livro *Transição Planetária*, que traz a lume a situação atual do planeta. Notemos a similitude destas com as ideias de Joanna de Ângelis:

[...] Predominam, desse modo, as condutas arbitrárias e perversas, na sociedade hodierna, em contraste chocante com as aquisições tecnológicas e científicas logradas na sucessão dos tempos.

Observam-se amiúde os pródromos dos sentimentos bons, quando alguém é vítima de uma circunstância aziaga, movimentando grupos de Socorro, ao tempo que outras criaturas se transformam em seres-bomba, assassinando, fanática e covardemente outros que nada têm a ver com as tragédias que pretendem remediar por meios mais funestos e inadequados do que aquelas que pretendem combater...

Movimentos de proteção aos animais sensibilizam muitos segmentos da sociedade, no entanto, incontáveis pessoas permanecem indiferentes a milhões de crianças, anciões e enfermos que morrem de fome cada ano, não por falta de alimento que o planeta fornece, mas por ausência total de compaixão e de solidariedade...

As criaturas que persistirem na acomodação perversa da indiferença pela dor do seu irmão, que assinalarem a existência pela criminalidade conhecida ou ignorada, que firmarem pacto de adesão à extorsão, ao suborno, aos diversos comportamentos delituosos do denominado *colarinho branco*, mantendo conduta egotista, tripudiando sobre as aflições do próximo, comprazendo-se na luxúria e na drogadição, na exploração indébita de outras vidas, por um largo período não disporão de meios de permanecer na Terra, sendo exiladas para mundos inferiores, onde irão ser úteis limando as arestas das imperfeições morais, a fim de retornarem, mais tarde, ao seio generoso da mãe-Terra que hoje não quiseram respeitar.

Fenômenos sísmicos aterradores sacodem o orbe com frequência, despertando a solidariedade de outras nações, em relação àquelas que foram vitimadas, enquanto, simultaneamente, armas ditas inteligentes ceifam outras centenas e milhares de vida, a serviço da guerra, ou de revoluções intermináveis, ou de crimes trabalhados por organizações dedicadas ao mal...

São esses paradoxos da vida em sociedade, que a grande transição que ora tem lugar no planeta irá modificar.

Eis, portanto, o que vem ocorrendo nos dias atuais.

As dores atingem patamares quase insuportáveis e a loucura que toma conta dos arraiais terrestres tem caráter pandêmico, ao lado dos transtornos depressivos, da drogadição, do sexo desvairado, das fugas psicológicas espetaculares, dos crimes estarrecedores, do desrespeito às leis e à ética, da desconsideração pelos direitos humanos, animais e da Natureza...

Chega-se ao máximo desequilíbrio, facultando a **interferência divina**, a fim de que se opere a grande transformação de que todos temos necessidade urgente. (grifos nossos)

Contribuindo na grande obra de regeneração da Humanidade, Espíritos de outra dimensão estão mergulhando nas sombras terrestres, a fim de que, ao lado dos nobres missionários do amor e da caridade, da inteligência e do sentimento, que protegem os seres terrestres, possam modificar as paisagens aflitivas, facultando o estabelecimento do Reino de Deus nos corações.

O benfeitor, bem como Joanna de Ângelis, estudada anteriormente, reporta-se ao momento difícil da Humanidade e confirma a interferência divina na abreviação destes dias da grande transição em benefício dos escolhidos que herdarão a linda pérola azul, que é a Terra, planeta abençoado onde milhões de pessoas anseiam pela paz e pelo amor entre todos.

Iniciaremos, a seguir, o estudo de uma conferência do mentor Órion, proveniente da constelação de Alcíone, da qual o nosso sistema planetário faz parte, pois o nosso Sol gira em torno dessa estrela, de maior grandeza.

O mentor Órion é um Espírito de alta envergadura moral, que está colaborando com Jesus na grande transição de nosso planeta. Tudo isso acontece sob os auspícios da lei de solidariedade que convida aqueles que têm mais a doar para os que têm menos.

Philomeno de Miranda relata, ainda na obra *Transição Planetária*, toda a conferência, que dividimos, didaticamente, em várias partes, cada uma focando um assunto, distribuídas por vários capítulos deste livro.

Estudemos um primeiro aspecto da conferência de Órion:

[...] Periodicamente, por sua vez, o planeta experimenta mudanças climáticas, sísmicas em geral, com profundas alterações na sua massa imensa, ou sofre o impacto de meteoros que lhe alteram a estrutura, tornando-o mais belo e harmônico, embora as destruições que, na ocasião, ocorrem, tendo sempre em vista o progresso, assim obedecendo à planificação superior com o objetivo de alcançar o seu alto nível de *mundo de regeneração*.

Concomitantemente, a fim de poderem viajar na grande nave terrestre que avança moralmente nas paisagens dos orbes felizes, incontáveis membros das tribos bárbaras do passado, que permaneceram detidos em regiões especiais durante alguns séculos, de maneira que não impedissem o desenvolvimento do planeta, renascem com formosas constituições orgânicas, fruto da seleção genética natural, entretanto, assinalados pelo primitivismo em que se mantiveram.

Apresentam-se exóticos uns, agressivos outros, buscando as origens primevas em reação inconsciente contra a sociedade progressista, tendo, porém, a santa oportunidade de refazerem conceitos, de aprimorarem sentimentos e de participarem da inevitável marcha ascensional... Expressivo número, porém, permanece em situações de agressividade e indiferença emocional, tornando-se instrumentos de provações rudes para a sociedade que desdenha.

Fruem da excelente ocasião que, malbaratada, os recambiará a mundos primitivos, nos quais contribuirão com os conhecimentos de que são portadores, sofrendo, no entanto, as injunções rudes que serão defrontadas. Repete-se, de certo modo, o exílio bíblico de Lúcifer e dos seus comparsas, no rumo de estâncias compatíveis com o seu nível emocional grosseiro, onde a saudade e a melancolia se lhes instalarão, estimulando-os à conquista do patrimônio de amor desperdiçado na rudeza, e então lutarão com afã para a conquista do bem.

Ei-los, em diversos períodos da cultura terrestre, desfrutando de chances luminosas, mas raramente aproveitadas, cuja densidade vibratória já não lhes permite, por enquanto, o renascimento em o novo mundo em construção.

O mentor Órion se reporta às hordas de Espíritos empedernidos no mal, que estão tendo a última chance de permanecer no planeta em vias de regeneração. Trazidos à reencarnação, mantêm-se, em sua maioria, porém, recalcitrantes no crime e na hediondez, formando verdadeiras tribos dentro da sociedade civilizada, tais como os chamados punks, góticos, *skinheads*, os neonazistas e outras.

Aqueles que não se modificarem, serão, após desencarnados, exilados da Terra, pois não terão mais condições de permanecer no planeta regenerado, devido às próprias condições de densidade vibratória. Fato semelhante se deu no caso dos capelinos, exilados na Terra há milhares de anos, propiciando o registro na Bíblia, na simbologia de Lúcifer, o "anjo decaído", símbolo dos seres muito inteligentes, porém moralmente atrasados, que renasceram no plano terrestre entre povos primitivos, moral e intelectualmente atrasados, para, expiando as suas faltas, renovarem-se e auxiliarem na evolução deste planeta.

[...] Antes, porém, de chegar esse momento, a violência, a sensualidade, a abjeção, os escândalos, a corrupção atingirão níveis dantes jamais pensados, alcançando *o fundo do poço*, enquanto as enfermidades degenerativas, os transtornos bipolares de conduta, as cardiopatias, os cânceres, os vícios e os desvarios sexuais clamarão por paz, pelo retorno a ética, à moral, ao equilíbrio... Frutos das paixões das criaturas que lhes sofrerão os efeitos em forma de consumpção libertadora, lentamente surgirão os valores da saúde integral, da alegria sem jaça, da harmonia pessoal, da integração no espírito cósmico da vida.

O mentor Órion aborda aqui toda uma série de descalabros morais que irão atingir o máximo de degradação, chegando ao fundo do poço, para que possamos, enquanto sociedade, clamar por paz, saúde integral, alegria real, harmonia física, mental e espiritual.

Provavelmente, estamos chegando próximo desse fundo do poço das iniquidades, do qual emergirá uma nova sociedade sedenta de amor e de paz.

Façamos, a seguir, algumas reflexões sobre as religiões, de modo geral, sobretudo sobre os descalabros que vêm acontecendo em várias delas, inclusive dentro do Movimento Espírita.

Lembremos mais uma vez da profecia de Jesus acerca dos ambientes religiosos, que deveriam ser santos, no final dos tempos: *Quando, pois, virdes que a abominação que causa desolação, de que falou o profeta Daniel, está no lugar santo (quem lê, que entenda)* – Mateus 24:15.

Estudaremos parte de uma conferência do Dr. Sílvio, transcrita por Philomeno de Miranda no livro *Transição Planetária*, abordando a situação atual das religiões. Trata-se de uma explanação voltada à retrospectiva de ocorrências desde os primórdios até os nossos dias, focada, principalmente, no aspecto religioso.

Se observarmos com cuidado, notaremos a degenerescência da mensagem do Senhor, mesmo nos dias atuais, quando as seitas e igrejas que se multiplicaram ferozmente, cada qual pretendendo a primazia do conhecimento e a dominação da verdade, transformam o dízimo, no que, oportunamente, foram as indulgências...

Recursos de mercado materialista são utilizados para atrair fregueses desatentos e ambiciosos que desejam comprar o reino sem que operem a íntima transformação de conduta para melhor, amplia-se a área das licenças morais que são concedidas a inúmeras denominações religiosas ditas modernas, para estarem de acordo com a vulgaridade destes dias...

O Dr. Sílvio salienta aquilo que vemos por toda a parte, ou seja, igrejas e mais igrejas, de várias denominações, sendo erguidas para venderem as coisas santas, em nome de Jesus e de Deus, numa prática talvez tão feroz ou mais do que na época da venda das indulgências, em que havia até uma tabela de pecados com o valor monetário para a sua absolvição pelos padres da Igreja Católica – fato que deu origem à Reforma Protestante, liderada por Martinho Lutero.

Há muitas pessoas que não dão apenas 10% dos seus salários, mas todas as suas economias para se curarem, com os falsos pastores, de doenças como a depressão, a esquizofrenia dentre outras.

Como diz o Dr. Sílvio, as pessoas são vistas como fregueses que vão comprar uma mercadoria qualquer. Querem comprar o Reino dos Céus no exterior de si mesmas, esquecendo-se ou nem sequer indo até a fonte dos Evangelhos, em que Jesus ensina que o Reino dos Céus está dentro de nós, e somente vai ser alcançado pela transformação interior para melhor.

Nesse comércio, existem os enganadores que vendem e os compradores que querem ser enganados, pois não estão dispostos a mudar de conduta. Acreditam-se espertos, comprando o Reino dos Céus de outros que se consideram ainda mais espertos por venderem o que os demais tanto querem comprar.

Na verdade, todos os envolvidos estão adquirindo débitos muito graves perante as próprias consciências, especialmente aqueles que deliberadamente praticam a ação abominável de vender as coisas santas.

A Igreja Apostólica Romana sofre o desvario da pedofilia de alguns dos seus membros, sacerdotes e prelados, vivendo uma conjuntura muito aflitiva, além do poder temporal de que desfruta há mais de dezessete séculos...

A Igreja Católica sofre periodicamente os escândalos da pedofilia, bem como continua focada no poder temporal, ao invés de cultivar a simplicidade e a humildade que deveriam ser próprias daqueles que dizem servir ao Senhor.

E os discípulos do *Consolador*, como se vêm comportando? Não existem já as diferenças gritantes em separatismos lamentáveis, através de correntes que se fazem adeptas de X, Y ou Z, em detrimento da Codificação kardequiana na qual todos haurimos o conhecimento libertador?! Não surgem, diariamente, médiuns equivocados, agressivos, presunçosos, vingativos, perseguidores, insensatos, pretendendo a supremacia, em total olvido das lições do Excelente Médium de Deus?!

Por outro lado, surgem tentativas extravagantes para atualizar o pensamento espírita com a balbúrdia em lugar da alegria, com os espetáculos ridículos das condutas sociais reprocháveis, com falsos holismos em que se misturam diferentes conceitos, a fim de agradar às diversas denominações religiosas, com a introdução de festas e atividades lucrativas, nas quais não faltam as bebidas alcoólicas, com os bailes estimulantes à sensualidade, com os festejos carnavalescos, a fim de atrair-se mais adeptos e especialmente jovens, em vez de os educar e orientar, aceitando-lhes as imposições da transitória mocidade.

Isso é também uma realidade em uma parte do Movimento Espírita que se distancia de forma assustadora das bases da Codificação kardequiana e, consequentemente, da própria Doutrina Espírita, ao tentar criar interpolações no pensamento espírita, a pretexto de atualizações que nada mais são do que ação das "trevas organizadas" para deter o avanço do Consolador. Philomeno de Miranda aborda esse aspecto em seu livro *Transtornos psiquiátricos e obsessivos* (psicografia de Divaldo Pereira Franco).

Espíritos empedernidos no mal, utilizando-se de médiuns fascinados, estão propondo tudo isso que o Dr. Sílvio lista em seu texto, enredando especialmente os jovens, sob a alegação de pretensos modernismos para atualizar o pensamento espírita, como se os ensinamentos de Jesus, que devem ser revividos pelo Espiritismo e pelo Movimento Espírita, fossem uma utopia que deve ser substituída pela balbúrdia ilusória.

Esses Espíritos trabalham para ridicularizar o Movimento Espírita e, é claro, intentam respingar na Doutrina. Com isso, muitas pessoas, em vez de se fazerem instrumentos para levar o Consolador às pessoas, tornam-se instrumentos para ridicularizar o Espiritismo.

Todos os envolvidos, Espíritos, médiuns e os seus seguidores, estão adquirindo graves responsabilidades perante as leis divinas inscritas nas próprias consciências. Se a prática de atos abomináveis em uma falsa igreja cristã já é algo muito grave, o que se dirá dessas práticas realizadas dentro de Centros Espíritas, cujo objetivo é promover a vivência do Evangelho de Jesus em espírito e verdade?

Hoje em dia, devido à divulgação da Doutrina Espírita pela mídia, especialmente pelos filmes, muitas pessoas de boa fé, mas que não conhecem a Doutrina, chegam a esses Centros que, infelizmente, têm praticado tais ações ignóbeis, porque acreditam no rótulo espírita que está na fachada da casa, e aí são ludibriadas na sua boa fé. As pessoas sérias, mas ainda sem formação espírita, irão naturalmente se decepcionar com o Espiritismo, e não com aquele Centro e seus dirigentes. É que o neófito quase sempre não sabe a diferença entre Movimento Espírita e Doutrina Espírita, e por essa razão essas interpolações são muito graves, e hoje, infelizmente, muito comuns.

Denominam-se os devotados trabalhadores fiéis à codificação, em tons chistosos e de ridículo, como ortodoxos, e, dizem-se modernistas, como se os Espíritos igualmente se dividissem em severos e gozadores, austeros e brincalhões na utilização da mensagem libertadora do Evangelho de Jesus à luz da revelação espírita...

Essa questão que o Dr. Sílvio coloca aqui está na moda. Aqueles que são fiéis à codificação sofrem o achincalhe, calúnias, difamações e até perseguições por parte das pessoas que se classificam como heterodoxas e modernistas, que rotulam os fiéis a Jesus e Kardec como ortodoxos. Esquecem-se de que os Espíritos superiores da Terra não estão dispostos a chistes e gozações em momento algum, sobretudo nesta hora grave do planeta.

Sem dúvida, são as paixões humanas viciosas, que permanecem em predomínio, gerando essas situações dolorosas... Ao lado delas, porém, por invigilância de quantos se permitem aceitar essas imposições, encontramos a interferência das mentes adversárias do Cristo trabalhando-os, inspirando-os, com o objetivo claro de demonstrar o que denominam como a "falsidade do Cordeiro", graças aos Seus fiéis insanos.

Desse modo, a obsessão campeia em muitos arraiais religiosos, não excluindo a seara espírita, infelizmente, na qual se encontram alguns Espíritos estúrdios e ignorantes desejando a projeção do ego, assim como fruir uma situação de relevo, conseguir a libertação dos conflitos pela exaltação da personalidade...

Não deixam de ser preocupantes essas inovações que mantêm os vícios e as licenças comportamentais, em detrimento da conduta saudável e honrada, no serviço de consolação dos sofrimentos humanos e no trabalho de erradicação das suas causas.

O espetáculo, portanto, tem a sua programação nessas regiões nefastas da erraticidade inferior, onde se encontram aqueles que nos foram vítimas e não acreditam em nossos atuais valores. Ainda mais, quando nos testam e falhamos lamentavelmente, aderindo-lhes aos sentimentos vulgares e doentios.

Conhecendo-nos as debilidades espirituais e os pontos nevrálgicos, à semelhança de calcanhares de Aquiles, utilizam-se da nossa vulnerabilidade para intrometer-se nas programações dignificantes da conduta humana, mantendo os clichês dos vícios e das soluções milagrosas do arrependimento de última hora, da *aceitação de Jesus* no instante final da etapa física, para a conquista mentirosa do paraíso...

Como diz o Dr. Sílvio, tanto em outras religiões, quanto no Movimento Espírita, tudo de mal que temos vivenciado provém das mentes adversárias do Cristo, que se utilizando dos Espíritos levianos encarnados, ansiosos por promoverem o próprio ego, agem produzindo a ridicularização da proposta cristã, de modo que a programação dignificante seja retardada.

O desejo dessas mentes das regiões inferiores do planeta é impedir que a mensagem consoladora de Jesus possa brilhar, mas o que conseguem é somente obstaculizar transitoriamente a programação devido ao mau uso do livre-arbítrio daqueles encarnados que se lhes fazem de instrumentos.

Faz-se urgente uma revisão dos atuais comportamentos no convívio social, nas greis religiosas, políticas, artísticas, em que o belo vem sendo substituído pelo erótico, em que o crime hediondo do aborto transforma-se num ato de coragem digno de imitação, proclamado por multiplicadores de opinião e mulheres que se tornaram famosas...

À semelhança dos tempos estoicos do Cristianismo primitivo, torna-se impositivo de urgência a volta a Jesus, desataviado e simples, à pulcritude dos Seus ensinos e a sua vivência natural.

Assevera-se que hodiernamente não há mais lugar para a vida ingênua e elevada, em razão da tecnologia avançada, das grandes conquistas da ciência e do conhecimento em geral, quando se deveria afirmar que estes são os dias, sim, da vivência nobre, sendo divulgada como de natureza terapêutica para prevenir as criaturas humanas da depressão pandêmica, das enfermidades psicossomáticas, dos processos enfermiços degenerativos, da violência e da agressividade, dos crimes de todo jaez, da interferência dos Espíritos infelizes nas existências humanas gerando obsessões e transtornos vários, tão lamentáveis quanto dolorosos...

Estamos encarregados, nós, os Espíritos que nos encontramos a serviço do Senhor e da preparação dos novos tempos, de despertar as consciências, de trabalhar em consonância com os companheiros da jornada carnal, de maneira que a renovação seja feita desde agora, passo a passo, reconstruindo o mundo moral em toda parte, especialmente nas paisagens íntimas, no *coração de onde procedem as boas como as más palavras* e condutas, conforme enunciou o Rabi Galileu.

Não se trata de uma tarefa simples e fácil, como, aliás, nada o é, quando se trata de valores de enobrecimento, de transformações radicais dos desequilíbrios para a ordem, do erro para o acerto. Empenhados no programa traçado por Jesus, porfiemos, não cedendo espaço à frivolidade nem às insinuações douradas que o Mal propõe.

Jesus, hoje como ontem, e amanhã como hoje, é o nosso lema. Vencedor dos tempos, Ele aguarda que a Sua mensagem seja realmente vivida conforme no-la ensinou pelo exemplo. Não há outra alternativa, senão avançar no rumo da vitória sobre as tendências inferiores.

A Humanidade está necessitando do Cristianismo puro e simples vivido na sua origem para vivenciar a mensagem pulcra de Jesus como Ele nos legou, como único caminho para a Verdade e para a Vida.

Essa é a solução para estes tempos de descalabros morais, cujo resultado a Humanidade tem colhido em forma de dor e sofrimento.

Fundamental é que nos tornemos aprendizes da Vida, aprendizes de Jesus conforme Ele nos convida em Mateus 11: 28 a 30:

Vinde a mim, todos os que estais cansados e sobrecarregados, e eu vos aliviarei. Tomai sobre vós o meu jugo, e aprendei comigo, que sou manso e humilde de coração, e encontrareis descanso para a vossa alma. Porque o meu jugo é suave, e o meu fardo é leve.

4
As migrações planetárias

Continuaremos neste capítulo o estudo dos versículos restantes do capítulo 24 do "Evangelho de Mateus".

24:40 e 41 – Então, estando dois no campo, será levado um, e deixado o outro; estando duas moendo no moinho, será levada uma, e deixada outra.

Jesus está demonstrando a separação das pessoas que serão exiladas e as que permanecerão reencarnando na Terra, conforme Ele nos ensina na Parábola do Joio e do Trigo.[2] Na verdade, estes versículos simbolizam a separação dos bons daqueles que continuam se comprazendo no mal, que convivem lado a lado num planeta de expiações e provas.

24:42 a 44 – Vigiai, pois, porque não sabeis a que hora há de vir o vosso Senhor. Mas considerai isto: se o pai de família soubesse a que vigília da noite havia de vir o ladrão, vigiaria e não deixaria que fosse arrombada a sua casa. Por isso, estai vós apercebidos também, porque o Filho do Homem há de vir à hora em que não penseis.

Novamente Jesus vem convidando à vigilância e à elevação de pensamentos e sentimentos para aguardá-lO, isto é, a trazer a sua mensagem bem viva em nossos corações.

---

2   Para maiores detalhes sobre a interpretação psicológica transpessoal sobre a Parábola do Joio e do Trigo, consulte o livro **Parábolas Terapêuticas**, de nossa autoria.

Se soubéssemos a que hora viria o ladrão, vigiaríamos somente nesse momento, mas como não sabemos a que hora ele vem, o que devemos fazer é vigiar o tempo todo. Jesus nos conclama à vigilância e à elevação de pensamentos e sentimentos, para assim pairarmos acima das iniquidades do mundo.

A garantia para permanecermos no planeta após o início da regeneração é manter a consciência desperta, o que somente acontece com a vigilância constante e a oração. Não havendo vigilância, poderemos adormecer, no sentido espiritual, mesmo tendo conhecimento da importância de manter a consciência desperta.

Jesus aborda no versículo 44 a sua segunda vinda, que aconteceria de uma forma imperceptível para a maioria da Humanidade.

Realmente a segunda vinda de Jesus, com o pseudônimo de Espírito de Verdade, aconteceu de uma forma indireta, por meio de médiuns. A grande maioria da Humanidade continua completamente ignorante dessa ocorrência, quando Cristo nos trouxe o Consolador que ficará para sempre conosco, conforme as suas promessas antes de desencarnar.

Mateus conclui o capítulo com a *"Parábola do Servo Fiel e Prudente e do Servo Mau"*:

24:45 a 51 – Quem é, pois, o servo fiel e prudente, que o Senhor constituiu sobre a sua casa, para dar o sustento a seu tempo? Bem aventurado aquele servo que o Senhor, quando vier, achar servindo assim. Em verdade vos digo que o porá sobre todos os seus bens. Porém, se aquele mau servo disser consigo: O meu senhor tarde virá. E começar a espancar os seus conservos, e a comer, e a beber com os bêbados, virá o senhor daquele servo num dia em que o não espera e à hora em que ele não sabe. E separá-lo-á, e destinará a sua parte com os hipócritas; ali haverá pranto e ranger de dentes.

No versículo 45, Jesus faz uma pergunta que cada um de nós, trabalhadores do Movimento Espírita, deveria fazer à própria consciência.

Sabendo que o principal objetivo do Movimento é levar avante a Doutrina Espírita, que tem como premissa reviver o Evangelho de Jesus para sustentar a grande tarefa de regeneração da Humanidade, perguntemos a nós mesmos: *Nós somos aqueles que estão na condição dos servos fiéis e prudentes ou estamos na condição do servo mau e desprevenido? Em qual categoria nos enquadramos? Estamos realizando a transformação que nos cabe, indo para os telhados, indo para os montes, buscando a elevação espiritual, ou estamos vivendo desprevenidos, de forma espiritualista-materialista?*

Os servos fiéis darão sustento ao Consolador, a Doutrina Espírita, cujo objetivo é reviver o Evangelho de Jesus em toda a sua pureza, e para esse trabalho somos convidados. Os servidores fiéis são os bem-aventurados do Senhor que cumprem a sua função com diligência e amor na grande tarefa para a regeneração da Humanidade.

Portanto, se agirmos com fidelidade, seremos recompensados permanecendo no verdadeiro paraíso em que se tornará a Terra, herdando todos os bens do Senhor.

Ao contrário, se negligenciarmos a oportunidade de elevação e vivermos como o servo mau, "espancando" essa oportunidade que Deus nos oferece, vivendo no mundo e para o mundo com os *bêbados*, isto é, com aqueles que cultivam a vida puramente sensualista, apesar do conhecimento espiritual que a Doutrina Espírita faculta, seremos destinados a seguir no grupo dos hipócritas, que conhecem a Verdade, mas não se esforçam para vivê-la em sua intimidade. Sofreremos, então, o resultado de nossa negligência, pois estaremos, conscienciamente, na mesma condição dos que estarão sofrendo o *pranto e ranger de dentes*.

Estudemos, a seguir, um texto de *O Evangelho segundo o Espiritismo*, capítulo III, "Há muitas moradas na casa de meu Pai", item 5.

Os Espíritos que encarnam em um mundo não se acham a ele presos indefinidamente, nem nele atravessam todas as fases do progresso que lhes cumpre realizar, para atingir a perfeição. Quando, em um mundo, eles alcançam o grau de adiantamento que esse mundo comporta, passam para outro mais adiantado, e assim por diante, até que cheguem ao estado de puros Espíritos. São outras tantas estações, em cada uma das quais se lhes deparam elementos de progresso apropriados ao adiantamento que já conquistaram. É-lhes uma recompensa ascenderem a um mundo de ordem mais elevada, como é um castigo o prolongarem a sua permanência em um mundo desgraçado, ou serem relegados para outro ainda mais infeliz do que aquele a que se veem impedidos de voltar quando se obstinaram no mal.

Vemos que todo o processo de evolução é dinâmico e acontece em diferentes mundos habitados. Não iniciamos a nossa evolução no reino hominal na Terra e não a terminaremos nela, mas em outros planetas do Universo.

Na sequência, estudemos outro texto de *A Gênese*, capítulo XVIII, itens 27 e 32:

> Para que na Terra sejam felizes os homens, preciso é que somente a povoem Espíritos bons, encarnados e desencarnados, que somente ao bem se dediquem. Havendo chegado o tempo, grande emigração se verifica dos que a habitam: a dos que praticam o mal pelo mal, *ainda não tocados pelo sentimento do bem*, os quais, já não sendo dignos do planeta transformado, serão excluídos, porque, senão, lhe ocasionariam de novo perturbação e confusão e constituiriam obstáculo ao progresso.

Muitas pessoas veem esses exílios como um castigo divino. Tornemos a refletir: se um Espírito pratica o mal pelo mal, seria justo ele prejudicar a evolução daqueles que desejam o bem? Seria amoroso, justo e caridoso deixar que ele permanecesse atrapalhando a vida dos demais, que desejam e trabalham efetivamente pelo bem? É claro que não.

A lei maior do Universo é a lei de amor, justiça e caridade. Portanto, tanto para os demais, quanto para o próprio Espírito exilado, essa lei será cumprida, pois o exílio não apenas ajuda os que permanecerão no planeta regenerado, mas também o Espírito recalcitrante, que será impedido de usar os recursos tecnológicos existentes no planeta para continuar na prática do mal, porque, se assim lhe fosse permitido, adquiriria mais débitos perante a Consciência Cósmica.

Irão expiar o endurecimento de seus corações, uns em mundos inferiores, outros em raças terrestres ainda atrasadas, equivalentes a mundos daquela ordem, aos quais levarão os conhecimentos que hajam adquirido, tendo por missão fazê-las avançar. Substituí-los-ão Espíritos melhores, que farão reinem em seu seio a justiça, a paz e a fraternidade.

[...] Tudo, pois, se processará exteriormente, como sói acontecer, com a única, mas capital diferença de que uma parte dos Espíritos que encarnavam na Terra aí não mais tornarão a encarnar. Em cada criança que nascer, em vez de um Espírito atrasado e inclinado ao mal, que antes nela encarnaria, virá um Espírito mais adiantado e *propenso ao bem*.

Muito menos, pois, se trata de uma nova geração corpórea, do que de uma nova geração de Espíritos. Sem dúvida, neste sentido é que Jesus entendia as coisas, quando declarava: "Digo-vos, em verdade, que esta geração não passará sem que estes fatos tenham ocorrido." Assim decepcionados ficarão os que contem ver a transformação operar-se por efeitos sobrenaturais e maravilhosos.

Vemos neste texto de Kardec que o exílio não acontece apenas em mundos inferiores, mas também entre povos terrestres atrasados, em ambientes equivalentes aos dos mundos primitivos, nos quais os Espíritos degredados poderão apressar não apenas a sua própria evolução, mas também a desses planetas e povos.

Como vimos no capítulo 1 deste livro, num planeta de regeneração ainda existem pessoas que estarão a expiar. É exatamente a isso que se refere Kardec: os Espíritos que ainda podem mudar reencarnarão entre os povos atrasados para levar a sua capacidade intelectual para aprimoramento desses povos; ao mesmo tempo, expiarão as suas faltas.

Então a primitividade que ainda existe no planeta vai aos poucos desaparecer, e a Terra se tornará mais homogênea em termos evolutivos. Como nenhuma transição é abrupta as gerações vão se sucedendo e toda uma mudança ocorre gradualmente. Daí, quem olha apenas uma geração não percebe uma transformação, mas estudando várias gerações poderá perceber as fases da mudança.

Vimos que muitos Espíritos pseudossábios, utilizando-se de médiuns fascinados, têm falado de mudanças drásticas, de processos sobrenaturais ligados à transição planetária. São Espíritos ignorantes da realidade maior da Vida. Apesar de serem capazes de escrever com facilidade, são ignorantes, pseudossábios, pois desconhecem que Deus não derroga as suas leis, que são eternas e sábias. Como já repisamos, tudo que está acontecendo durante a transição planetária está em conformidade com as leis naturais.

Portanto, aqueles que se iludem com esses Espíritos que pregam uma transição sobrenatural, com, por exemplo, a vinda de um planeta "chupão" para sugar da Terra os Espíritos empedernidos no mal, dentre outras aberrações, ficarão decepcionados.

> As grandes partidas coletivas, entretanto, não têm por único fim ativar as saídas; têm igualmente o de transformar mais rapidamente o espírito da massa, livrando-a das más influências e o de dar maior ascendente às ideias novas.
>
> Por estarem muitos, apesar de suas imperfeições, maduros para a transformação, é que muitos partem, a fim de apenas se retemperarem em fonte mais pura. Enquanto se conservassem no mesmo meio e sob as mesmas influências, persistiriam nas suas opiniões e nas suas maneiras de apreciar as coisas.

Nestas reflexões, Kardec coloca uma questão muito importante, pois os Espíritos que estão emigrando para outro planeta vão deixar de obstaculizar a evolução da Terra. As más influências deles vão cessar totalmente.

Atualmente, o que acontece? Esses Espíritos que estão sendo exilados tentam desestabilizar e impedir todo e qualquer trabalho do bem que se faz na Terra, em todas as áreas.

Portanto, o bem vai poder fluir por si mesmo. A única dificuldade vai ser a que existe na intimidade dos próprios trabalhadores do Bem. Para melhorar isso, os ideais de fraternidade e de caridade inspirados pelos Espíritos superiores vão cada vez mais calar fundo em todos os corações.

Muitos daqueles que habitam a Terra estão, apesar das suas imperfeições, maduros para a transformação. Contudo, por causa de tanta influência má, vinda de desencarnados e de encarnados, são ainda levados de roldão em práticas menos nobres.

Isso acontecerá, principalmente, conforme revela o item 100 de *O Livro dos Espíritos*, com a categoria de Espíritos neutros[3], que tendem tanto para o bem como para o mal. Lembremos, como os benfeitores dizem, que só o fato de não fazermos o bem já é um mal. Assim, muitos desses Espíritos, quando estiverem livres da influência dos que são empedernidos no mal, direcionarão todo o seu potencial ao bem. Caso não o façam, também serão exilados da Terra.

Uma estada no mundo dos Espíritos bastará para lhes descerrar os olhos, por isso que aí veem o que não podiam ver na Terra. O incrédulo, o fanático, o absolutista poderão, conseguintemente, voltar com ideias *inatas* de fé, tolerância e liberdade. Ao regressarem, acharão mudadas as coisas e experimentarão a influência do novo meio em que houverem nascido. Longe de se oporem às novas ideias, constituir-se-ão seus auxiliares.

Kardec conclui de forma magistral o seu pensamento sobre a transição planetária. Na dimensão espiritual, estando livre dos preconceitos terrestres, é mais fácil para o Espírito mudar de opinião sobre determinadas práticas próprias das sociedades terrenas. Após estagiar no mundo espiritual, aprender nas escolas e universidades existentes nas diversas colônias espirituais e reencarnar novamente, num planeta já livre dos Espíritos empedernidos do mal, a mudança vai ser muito mais rápida para aqueles que realmente desejarem o bem.

Há presentemente uma campanha de Espíritos das "trevas organizadas" para gerar medo e confusão nas pessoas a partir de in-

---

3   Nem bastante bons para fazerem o bem, nem bastante maus para fazerem o mal. Pendem tanto para um como para o outro e não ultrapassam a condição comum da Humanidade, quer no que concerne ao moral, quer no que toca à inteligência. Apegam-se às coisas deste mundo, de cujas grosseiras alegrias sentem saudades.

formações falsas a respeito da grande transição. Tais Espíritos, desde a segunda metade do século XX, têm falado sobre situações tão extraordinárias que inclusive contrariariam as leis divinas naturais, de que é exemplo a já citada vinda de um planeta que atrairia a si, magneticamente, as pessoas que não tivessem mais condições de permanecer na Terra. Analisemos essa estranha situação à luz da razão e do bom-senso.

Segundo os Espíritos pseudossábios, todos os que não se coadunarem com a Terra regenerada serão "chupados", isto é, atraídos magneticamente por esse planeta "chupão".

À luz da razão e do bom-senso, comecemos a análise pela reflexão sobre uma lei divina natural: a da gravitação universal.

A lei da gravitação universal rege o funcionamento de todo o Universo. Todo sistema planetário tem, no centro, uma estrela que o comanda; os planetas giram em torno dessa estrela obedientes a leis matemáticas e sábias que não podem ser derrogadas, sob pena de todo o sistema entrar em colapso.

Isso acontece em todos os sistemas planetários, como no caso de nosso Sol e dos planetas que giram em torno dele. Nos sistemas planetários, há cometas que fazem uma trajetória elíptica passando próximo a vários planetas. Essa trajetória é tão regular que os astrônomos podem determinar de quanto em quanto tempo um cometa passará próximo da Terra.

Com essas informações básicas a respeito do funcionamento do Universo, a falsa ideia de um planeta que sairá de sua órbita e se aproximará da Terra para "chupar" as pessoas choca-nos sensivelmente o bom-senso e a razão. Uma lei divina não precisa ser derrogada para que outra, a lei divina do progresso, possa se cumprir.

Será que Deus precisaria derrogar uma lei para que os Espíritos fossem exilados da Terra?

Se raciocinarmos com um mínimo de bom-senso, chegaremos à conclusão de que essa é uma informação estapafúrdia, pois Deus não criou leis sábias para mudá-las a todo momento. Como vimos anteriormente, é muito mais simples levar os Espíritos exilados daqui para outro planeta, pela lei de afinidade e sintonia, seja lá onde ele estiver, do que trazer o planeta até aqui, contrariando a lei da gravitação universal.

André Luiz aborda no livro *Nosso Lar* a existência do aparelho aeróbus que transporta por grandes distâncias expressivo número de passageiros. Será que não poderia haver veículos como o aeróbus, ou mais sofisticados, para transportar os Espíritos exilados de uma forma simples e natural até o planeta onde eles vão reencarnar? O conhecimento do Espiritismo e o bom-senso dizem que sim.

Portanto, como diz Allan Kardec nos textos de *A Gênese*, que estudamos, a transição planetária não acontecerá a partir de fatores de ordem sobrenatural, entendida, aliás, como aquilo que vai além do natural. Enfatizamos: toda a transição está acontecendo conforme preconizam as leis divinas naturais.

Estudemos, a seguir, algumas informações do Espírito Emmanuel que corroboram com nossas reflexões. Trata-se de um texto do livro *A Caminho da Luz*, que traz a questão do exílio de Espíritos do sistema de Capela aqui na Terra. Recomendamos a leitura dessa obra magnífica, em que o benfeitor aborda a evolução de nosso planeta.

Nos mapas zodiacais, que os astrônomos terrestres compulsam em seus estudos, observa-se desenhada uma grande estrela na Constelação do Cocheiro, que recebeu, na Terra, o nome de Cabra ou Capela. Magnífico sol entre os astros que nos são mais vizinhos, ela, na sua trajetória pelo Infinito, faz-se acompanhar, igualmente, da sua família de mundos, cantando as glórias divinas do Ilimitado.

A sua luz gasta cerca de 42 anos para chegar à face da Terra, considerando-se, desse modo, a regular distância existente entre a Capela e o nosso planeta, já que a luz percorre o espaço com a velocidade aproximada de 300.000 quilômetros por segundo.

Há muitos milênios, um dos orbes da Capela, que guarda muitas afinidades com o globo terrestre, atingira a culminância de um dos seus extraordinários ciclos evolutivos.

As lutas finais de um longo aperfeiçoamento estavam delineadas, como ora acontece convosco, relativamente às transições esperadas no século XX, neste crepúsculo de civilização.

Alguns milhões de Espíritos rebeldes lá existiam, no caminho da evolução geral, dificultando a consolidação das penosas conquistas daqueles povos cheios de piedade e virtudes, mas uma ação de saneamento geral os alijaria daquela humanidade, que fizera jus à concórdia perpétua, para a edificação dos seus elevados trabalhos.

As grandes comunidades espirituais, diretoras do Cosmos, deliberaram, então, localizar aquelas entidades, que se tornaram pertinazes no crime, aqui na Terra longínqua, onde aprenderiam a realizar, na dor e nos trabalhos penosos do seu ambiente, as grandes conquistas do coração e impulsionando, simultaneamente, o progresso dos seus irmãos inferiores.

Foi assim que Jesus recebeu, à luz do seu reino de amor e de justiça, aquela turba de seres sofredores e infelizes.

Com a sua palavra sábia e compassiva, exortou essas almas desventuradas à edificação da consciência pelo cumprimento dos deveres de solidariedade e de amor, no esforço regenerador de si mesmas.

Mostrou-lhes os campos imensos de luta que se desdobravam na Terra, envolvendo-as no halo bendito da sua misericórdia e da sua caridade sem limites. Abençoou-lhes as lágrimas santificadoras, fazendo-lhes sentir os sagrados triunfos do futuro e prometendo-lhes a sua colaboração cotidiana e a sua vinda no porvir.

Aqueles seres angustiados e aflitos, que deixavam atrás de si todo um mundo de afetos, não obstante os seus corações empedernidos na prática do mal, seriam degredados na face obscura do planeta terrestre; andariam desprezados na noite dos milênios da saudade e da amargura; reencarnariam no seio das raças ignorantes e primitivas, a lembrarem o paraíso perdido nos firmamentos distantes.

Por muitos séculos não veriam a suave luz da Capela, mas trabalhariam na Terra acariciados por Jesus e confortados na sua imensa misericórdia.

As raças adâmicas guardavam vaga lembrança da sua situação pregressa, tecendo o hino sagrado das reminiscências.

As tradições do paraíso perdido passaram de gerações a gerações, até que ficassem arquivadas nas páginas da Bíblia.

Aqueles seres decaídos e degredados, a maneira de suas vidas passadas no mundo distante da Capela, com o transcurso dos anos reuniram-se em quatro grandes grupos que se fixaram depois nos povos mais antigos, obedecendo às afinidades sentimentais e linguísticas que os associavam na constelação do Cocheiro.

Unidos, novamente, na esteira do Tempo, formaram desse modo o grupo dos árias, a civilização do Egito, o povo de Israel e as castas da Índia.

Dos árias descende a maioria dos povos brancos da família indo-europeia nessa descendência, porém, é necessário incluir os latinos, os celtas e os gregos, além dos germanos e dos eslavos.

As quatro grandes massas de degredados formaram os pródromos de toda a organização das civilizações futuras, introduzindo os mais largos benefícios no seio da raça amarela e da raça negra, que já existiam.

É de grande interesse o estudo de sua movimentação no curso da História. Através dessa análise, é possível examinarem-se os defeitos e virtudes que trouxeram do seu paraíso longínquo, bem como os antagonismos e idiossincrasias peculiares a cada qual.

Toda oportunidade de realização do bem é sagrada. Quanto ao mais, que fazer com o trabalhador desatento que estraçalha no mal todos os instrumentos perfeitos que lhe são confiados? Seu direito, aos aparelhos mais precisos, sofrerá solução de continuidade. A educação generosa e justa ordenará a localização de seus esforços em maquinaria imperfeita, até que saiba valorizar as preciosidades em mão.

A todo tempo, a máquina deve estar de acordo com as disposições do operário, para que o dever cumprido seja caminho aberto a direitos novos.

Entre as raças negra e amarela, bem como entre os grandes agrupamentos primitivos da Lemúria, da Atlântida e de outras regiões que ficaram imprecisas no acervo de conhecimentos dos povos, os exilados da Capela trabalharam proficuamente, adquirindo a provisão de amor para suas consciências ressequidas.

Como vemos, não houve retrocesso, mas providência justa de administração, segundo os méritos de cada qual, no terreno do trabalho e do sofrimento para a redenção.

O exílio dos Espíritos aconteceu de uma forma natural sem que a Terra tivesse que sair de sua órbita para ir lá "chupar" os Espíritos a serem exilados, confrontando com a razão e o bom-senso indicam. Caso a Terra saísse de sua órbita todo o nosso sistema solar entraria em colapso.

Estudaremos, a seguir, outro texto do livro *Transição planetária*, em que Philomeno de Miranda destaca a preparação para a reencarnação dos Espíritos de Alcíone, de alta envergadura moral, em sua maioria, que estão reencarnando na Terra em missão solidária.

Seria sob o comando desse eminente Espírito (Artêmio Guimarães) que, aproximadamente, quinhentos obreiros retornaríamos ao amado planeta para a preparação da nova era, abrindo espaço para as reencarnações em massa dos migrantes de uma das estrelas da constelação das Plêiades, na tarefa sublime de ajudar a Terra a alcançar o patamar de *mundo de regeneração*.

É certo que outras equipes já nos haviam precedido para esse mister, muitas outras conquistariam diferentes países do orbe e, mesmo nas terras abençoadas do Cruzeiro do Sul, incontáveis laboriosos servidores de Jesus cuidariam de realizar atividades semelhantes."

[...] E certo que outras caravanas já vinham visitando a Terra com o mesmo objetivo, desde os anos da década de 1970/80, tomando as providências compatíveis para as reencarnações valiosas. Agora, no entanto, soava o momento de intensificar o intercâmbio entre os terrícolas e os visitantes de Alcíone, que já se movimentavam em torno da psicosfera do planeta, aguardando o momento adequado.

Tomei conhecimento de que um grande número deles encontrava-se em Colônias próximas da Terra, assimilando o psiquismo do orbe, assim como dos seus habitantes, visitando sociedades espíritas que mantêm ligação com as Esferas superiores, onde alguns se comunicavam, explicando a razão de ali se encontrarem.

[...] Em conversação com alguns deles mais acessíveis, fomos informados de que a reencarnação, de alguma forma, lhes constituiria um grande esforço de amor em favor da Humanidade terrestre, por asfixiá-los no corpo denso, limitando-os em todos os sentidos. No entanto, espontaneamente ofereceram-se para contribuir em favor do desenvolvimento espiritual da Terra, sem considerarem tal oferenda como sendo um holocausto.

Deixar, mesmo que, por um breve período, o mundo de esplendor pelo de sombras, era a demonstração viva do poder do amor, conforme Jesus no-lo apresentou e o viveu, convidando-nos a fazer o mesmo.

Diversos outros, de cujo programa participáramos, estariam comprometidos com diversas áreas do conhecimento científico e filosófico, com a vivência ética, especialmente na política, a cujo ministério se dedicariam com dignidade, modificando os padrões de conduta vigentes e fazendo respeitar-se as leis constituídas, iniciando o mister por eles mesmos.

O Dr. Artêmio, especialista em reprodução humana, formou um grupo de quinhentos desencarnados para auxiliar na preparação da reencarnação em massa desses milhões de Espíritos de alta envergadura moral que virão de Alcíone para trabalhar na regeneração do planeta.

Como diz Philomeno de Miranda, outros grupos semelhantes, no Brasil e em outros países do mundo, desde a década de 70 e 80 do século passado têm auxiliando na reencarnação desses Espíritos, que chegarão aos milhões daqui para frente.

Estudemos outra parte da conferência do mentor Órion, de Alcíone:

Esta não é a primeira vez que o mundo terreno recebe viajores de outras moradas, atendendo à solicitação de Jesus-Cristo, qual aconteceu no passado, no momento da grande transição das formas, quando modeladores do vaso orgânico mergulharam na densa massa física fixando os caracteres que hoje definem os seus habitantes...

Da constelação do Cocheiro vieram aqueles nobres embaixadores da luz que contribuíram para a construção da Humanidade atual, inclusive outras inteligências, todavia, não moralizadas, que após concluídos alguns estágios evolutivos retornaram, felizes, aos lares queridos...

Em outras oportunidades, luminares da Verdade submergiram nas sombras do mundo terrestre, a fim de apresentarem as suas conquistas e realizações edificantes, auxiliando os seus habitantes a crescer em tecnologia, ciência, filosofia, religião, política, ética e moral... Nada obstante, o desenvolvimento mais amplo ocorreu na área da inteligência e não do sentimento, assim explicando o atual estágio de evolução em que se encontram, rico de conhecimentos e pobre de edificações espirituais...

[...] As moradas do Pai são em número infinito, mantendo, como é compreensível, intercâmbio de membros, de modo a ser preservada a fraternidade sublime, porquanto, aqueles mais bem aquinhoados devem contribuir em benefício dos menos enriquecidos de momento. A sublime lei de permutas funciona em intercâmbio de elevado conteúdo espiritual.

Da mesma forma que, da nossa Esfera, descerão ao planeta terrestre, como já vem sucedendo, milhões de Espíritos enobrecidos para o enfrentamento inevitável entre o amor abnegado e a violência destrutiva, dando lugar a embates caracterizados pela misericórdia e pela compaixão, outros missionários da educação e da solidariedade, que muito se empenharam em promovê-las, em existências pregressas, estarão também de retorno, contribuindo para a construção da nova mentalidade desde o berço, assim facilitando as alterações que já estão ocorrendo, e sucederão com maior celeridade...

Nesse sentido, o psiquismo terrestre e a genética humana encontram-se em condições de receber novos hóspedes que participarão do ágape iluminativo, conforme o egrégio Codificador do Espiritismo referiu-se em sua obra magistral *A Gênese*, constituída por todos aqueles que se afeiçoem à verdade e se esforcem para edificar-se, laborando em favor do próximo e da sociedade como um todo.

Desse modo, qual ocorre em outros Orbes, chega o momento em que a Mãe-Terra também ascenderá na escala dos mundos, conduzindo os seus filhos e aguardando o retorno daqueles que estarão na retaguarda por algum tempo, porquanto o inefável amor de Deus a ninguém deixa de amparar, ensejando-lhes oportunidade de refazimento e de evolução.

A referência de Órion tem a ver com o texto de *A Caminho da Luz* que estudamos anteriormente, no qual Emmanuel diz que os capelinos auxiliaram o progresso material na Terra não apenas com a inteligência, mas também oferecendo os ascendentes genéticos para a formação da espécie Homo Sapiens, por serem mais evoluídos que os terrícolas. Da mesma forma, os Espíritos de Alcíone vão ajudar produzindo mutações genéticas para tornar os nossos corpos mais leves.

O mentor Órion aborda também a lei de solidariedade, que recomenda àqueles que têm mais doar para quem tem menos, facultando a fraternidade entre os vários mundos habitados.

Não apenas os Espíritos de Alcíone estarão reencarnando entre nós, mas também luminares da religião, das ciências, das artes, da filosofia, dentre outros, transformando o século XXI num verdadeiro tesouro de luz e conhecimento.

Agora vejamos neste texto de Philomeno de Miranda o porquê da vinda dos Espíritos de Alcíone para a Terra:

[...] — Qual seria então, a razão por que deveriam vir Espíritos de outro Orbe, para o processo de moralização do planeta? Primeiro, porque, não tendo vínculos anteriores como defluentes de existências perturbadoras, não enfrentariam impedimentos interiores para os processos de doação, para os reencontros dolorosos com aqueles que permanecem comprometidos com o mal, que têm interesse em manter o atraso moral das comunidades, a fim de explorá-las psiquicamente em perversos fenômenos de vampirização, de obsessão individual e coletiva.

Estrangeiros em terras preparadas para a construção do progresso, fazem-no por amor, convocados para oferecer os seus valores adquiridos em outros planos, facilitando o acesso ao desenvolvimento daqueles que são os nacionais anelantes pela felicidade. Segundo, porque mais adiantados moralmente uns, podem contribuir com exemplos edificantes capazes de silenciar as forças da perversidade e obstaculá-las com os recursos inexcedíveis do sacrifício pessoal, desde que, as suas não são as aspirações imediatas e interesseiras do mundo das formas.

Como não evoluíram na Terra, os Espíritos de Alcíone não têm vínculos negativos com aqueles que permanecem na retaguarda, sendo-lhes mais fácil e simples preservarem-se da investida dos

Espíritos empedernidos no mal, já que não vão sofrer os ataques pessoais padecidos pelos demais trabalhadores do bem na Terra. O acesso dos Espíritos empedernidos no mal até eles será menor.

Como já são Espíritos evoluídos, não vão reencarnar para resgatar débitos como a maioria de nós, cujo principal compromisso ao fazer o trabalho do bem está em promover nossa própria evolução, superando o conflito consciencial advindo da prática do mal no passado. Os Espíritos de Alcíone, em sua maioria, não têm nada a provar e reencarnarão em missão.

Enquanto outros estarão vivenciando uma forma de exílio temporário, por serem desenvolvidos intelectualmente, mas ainda necessitados da vivência do amor, e em contato direto com os menos evoluídos, sentirão a necessidade do afeto e do carinho, aprendendo, por sua vez, o milagroso fenômeno da solidariedade. Tudo se resume, portanto, no dar, que é receber e no receber, que convida ao doar.

Dentre esses milhões de Espíritos, nem todos são evoluídos moralmente. Alguns virão em exílio temporário, porque já evoluíram intelectualmente e por estarem exilados longe dos seus afetos, cumprindo a lei de solidariedade, farão jus a retornar ao planeta de origem, já redimidos pelo desenvolvimento do amor.

À semelhança das ondas oceânicas a abraçarem as praias voluptuosamente, sorvendo as rendas de espumas alvas, os novos obreiros do Senhor se sucederão ininterruptamente alterando os hábitos sociais, os costumes morais, a literatura e a arte, o conhecimento em geral, ciência e tecnologia, imprimindo novos textos de beleza que despertarão o interesse mesmo daqueles que, momentaneamente, encontram-se adormecidos.

Esse texto vai ao encontro do texto de Kardec em *A Gênese*, que estudamos acima. As pessoas que estão na neutralidade, sem realizarem ações no mal, mas também sem ações no bem no limite das próprias forças, como consta na proposta divina para todos nós, ainda estão adormecidas. Depois de passarem por um estágio no mundo espiritual, reencarnarão num mundo de ideias renovadas, e se sentirão inclinadas à mudança, realizando a implantação do Reino de Deus na Terra.

Vejamos agora uma orientação de Dr. Sílvio sobre a reencarnação dos Espíritos de Alcíone:

Desde há alguns anos do século passado, os nossos irmãos de Alcíone estão reencarnando-se na Terra, sem alarde, tornando-se expoentes de sabedoria e portadores de grande contribuição cultural e espiritual.

À medida que os anos se passaram desde as primeiras ocorrências, estamos agora vivenciando o período para os renascimentos em massa, enquanto tem lugar, a princípio, lentamente, o expurgo dos irmãos infelizes vinculados à revolta e a truculência de que se utilizam em tentativa inútil para impedir a felicidade dos seres humanos.

De maneira equivalente, à medida que os anos se sucederão, número bem expressivo de desatinados será encaminhado ao exílio temporário, de forma que irão contribuir para o desenvolvimento dos seres que encontrarão em os novos ninhos domésticos, para volverem em triunfo, quando se depurarem das graves imperfeições que lhes dificultam a marcha do progresso.

Tem sido assim, desde os primórdios do estabelecimento das raças humanas na Terra, quando missionários do amor e do conhecimento oriundos de outras moradas da Casa do Pai, mergulharam nas sombras do planeta para oferecer a contribuição valiosa dos seus conhecimentos.

Na programação em torno do renascimento dos Espíritos procedentes de Alcíone, considerando-se que os mesmos não têm compromisso negativo no planeta terrestre, destacou-se a desnecessidade de estabelecimento de metas proporcionadoras do ressarcimento de débitos morais em relação às existências anteriores, como sempre ocorria nos casos convencionais a que estávamos acostumados.

No *Centro das reencarnações*, os mapas, adrede estabelecidos, apresentavam organismos saudáveis, sujeitos, entretanto, aos fenômenos normais de desgaste da energia, assim como às ocorrências de enfermidades menos graves, de forma que todo o tempo de que dispunham os Espíritos fosse dedicado ao labor edificante da fraternidade, dos estudos e aplicações das propostas sobre o próprio progresso moral e espiritual, assim como do planeta.

Trazendo da dimensão de onde se originavam os tesouros logrados no processo da evolução, não eram exilados em mecanismos de reabilitação, mas voluntários do amor contribuindo em favor da felicidade das vidas humanas em cujo seio renasceriam.

O texto do Dr. Sílvio é muito elucidativo sobre uma outra vantagem dos Espíritos de Alcíone que reencarnarão na Terra em missão em relação a maioria dos trabalhadores do Bem em resgate: a desnecessidade de sofrerem no corpo físico doenças expiatórias, apenas doenças menores, de modo que lhes será facultado todo tempo necessário para se dedicarem aos misteres pelos quais reencarnarão, cada um em sua área específica, nas ciências, no direito, na política, nas religiões, nas artes, na filosofia, em todas as áreas do conhecimento humano, enfim.

5
OS FLAGELOS DESTRUIDORES E A TRANSIÇÃO PLANETÁRIA

E ouvireis de guerras e de rumores de guerras; olhai, não vos assusteis, porque é mister que isso tudo aconteça, mas ainda não é o fim. Porquanto se levantará nação contra nação, e reino contra reino, e haverá fomes, e pestes, e terremotos, em vários lugares. Mas todas essas coisas são o princípio das dores. Mateus 24: 6, 7 e 8.

Estudemos, a seguir, a questão 88 do livro *O Consolador*, de Emmanuel, psicografia de Francisco Cândido Xavier.

Deve o homem terrestre enxergar nas comoções geológicas do globo elementos de provação para a sua vida?

— Os abalos sísmicos não são simples acidentes da Natureza. O mundo não está sob a direção de forças cegas. As comoções do globo são instrumentos de provações coletivas, ríspidas e penosas. Nesses cataclismos, a multidão resgata igualmente os seus crimes de outrora e cada elemento integrante da mesma quita-se do pretérito na pauta dos débitos individuais.

Apesar de a pergunta dizer respeito às comoções geológicas, isto é, aos terremotos, poderíamos incluir outros flagelos destruidores naturais como vulcões, tsunamis, furacões, inundações etc.

Emmanuel diz de forma a não deixar dúvidas que os abalos sísmicos, e, por extensão lógica, todo e qualquer fenômeno natural, não estão sob a direção de forças cegas. Como já estudamos, existe todo um planejamento desses fenômenos que fazem parte da própria evolução física do planeta Terra rumo à regeneração.

Aqueles que desencarnam nessas catástrofes naturais, como diz o benfeitor, estão quitando débitos gerados por crimes cometidos no pretérito espiritual.

Estudemos mais um texto de *A Gênese*, o capítulo XVIII, item 33 a 35, em que Kardec analisa a questão dos flagelos destruidores:

A regeneração da Humanidade [...] não exige absolutamente a renovação integral dos Espíritos: basta uma modificação em suas disposições morais. Essa modificação se opera em todos quantos lhe estão predispostos, desde que sejam subtraídos à influência perniciosa do mundo. Assim, nem sempre os que voltam são outros Espíritos; são com frequência os mesmos Espíritos, mas pensando e sentindo de outra maneira.

Quando insulado e individual, esse melhoramento passa despercebido e nenhuma influência ostensiva alcança sobre o mundo. Muito outro é o efeito, quando a melhora se produz simultaneamente sobre grandes massas, porque, então, conforme as proporções que assuma, numa geração, pode modificar profundamente as ideias de um povo ou de uma raça.

É o que quase sempre se nota depois dos grandes choques que dizimam as populações. Os flagelos destruidores apenas destroem corpos, não atingem o Espírito; ativam o movimento de vaivém entre o mundo corporal e o mundo espiritual e, por conseguinte, o movimento progressivo dos Espíritos encarnados e desencarnados. É de notar-se que em todas as épocas da História, às grandes crises sociais se seguiu uma era de progresso.

Opera-se presentemente um desses movimentos gerais, destinados a realizar uma remodelação da Humanidade. A multiplicidade das causas de destruição constitui sinal característico dos tempos, visto que elas apressarão a eclosão dos novos germens. São as folhas que caem no outono e às quais sucedem outras folhas cheias de vida, porquanto a Humanidade tem suas estações, como os indivíduos têm suas várias idades. As folhas mortas da Humanidade caem batidas pelas rajadas e pelos golpes de vento, porém, para renascerem mais vivazes sob o mesmo sopro de vida, que não se extingue, mas se purifica.

Para o materialista, os flagelos destruidores são calamidades carentes de compensação, sem resultados aproveitáveis, pois que, na opinião deles, os *aludidos flagelos aniquilam os seres para sempre*. Para aquele, porém, que sabe que a morte unicamente destrói o envoltório, tais flagelos não acarretam as mesmas consequências e não lhe causam o mínimo pavor; ele lhes compreende o objetivo e não ignora que os homens não perdem mais por morrerem juntos, do que por morrerem isolados, dado que, duma forma ou doutra, a isso hão de todos sempre chegar.

Os incrédulos rirão destas coisas e as qualificarão de quiméricas; mas, digam o que disserem, não fugirão à lei comum; cairão a seu turno, como os outros, e, então, que lhes acontecerá? Eles dizem: Nada! Viverão, no entanto, a despeito de si próprios e se verão, um dia, forçados a abrir os olhos.

O texto de Kardec é bastante interessante pela reflexão que nos proporciona. Para o materialista, que acredita que ao morrer tudo acaba, os flagelos são calamidades insuportáveis e sem razão de ser, que ceifam a vida das pessoas para sempre.

Para os que sabem e sentem que a vida não termina com a morte do corpo, os flagelos destruidores nada mais são do que processos naturais, cuja existência, como diz Kardec, Deus permite para que a Humanidade progrida mais rapidamente. Por isso é que esses processos tenderão a se intensificar agora que a grande transição está alcançando o seu auge. Podemos esperar muitos desses flagelos acontecendo como parte da programação instituída por Jesus para o nosso planeta, pois preparam a fase de regeneração da Humanidade.

Estudemos um trecho da introdução do livro *Transição Planetária*, de Philomeno de Miranda, na qual o autor aborda a questão dos flagelos destruidores.

O egrégio codificador do Espiritismo, assessorado pelas *Vozes do Céu*, deteve-se, mais de uma vez, na análise dos trágicos acontecimentos que sacudiriam a Terra e os seus habitantes, a fim de despertar os últimos para as responsabilidades para consigo mesmos e em relação à primeira.

Em *O Livro dos Espíritos*, no capítulo dedicado à *Lei de destruição*, o insigne mestre de Lyon estuda as causas e razões dos desequilíbrios que se dão no planeta com frequência, ensejando as tragédias coletivas, bem como aquelas produzidas pelo ser humano, e constata que é necessário que tudo se destrua, a fim de poder renovar-se. A destruição, portanto, é somente produzida para a transformação molecular da matéria, nunca atingindo o Espírito, que é imortal.

Desse modo, as grandes calamidades de uma ou de outra procedência têm por finalidade convidar a criatura humana à reflexão em torno da transitoriedade da jornada carnal em relação a sua imortalidade.

As dores que defluem desses fenômenos denominados como flagelos destruidores, objetivam fazer a Humanidade progredir mais depressa. Já não dissemos ser a destruição uma necessidade para a regeneração moral dos Espíritos, que, em cada nova existência, sobem um degrau na escala do aperfeiçoamento?

Preciso é que se veja o objetivo, para que os resultados possam ser apreciados. Somente do vosso ponto de vista pessoal os apreciais; daí vem que os qualificais de flagelos, por efeito do prejuízo que vos causam. Essas subversões, porém, são frequentemente necessárias para que mais pronto se dê o advento de uma melhor ordem de coisas e para que se realize em alguns anos o que teria exigido muitos séculos. [4]

Philomeno, baseado na questão 737 de *O Livro dos Espíritos*, ressalta exatamente o grande objetivo dos chamados flagelos destruidores: levar aos que passam diretamente por ele, aos que observam a situação e aos que a sofrem indiretamente o convite para uma reflexão sobre a fragilidade e a transitoriedade da vida no corpo, a fim de que se permitam uma mudança de postura frente à vida, amadurecendo com a experiência, de forma que em alguns anos se produzam transformações que poderiam demandar séculos.

Estudemos, a seguir, outra parte da conferência do mentor Órion, que nos diz:

[...] As grandes transformações, embora ocorram em fases de perturbação do orbe terrestre, em face dos fenômenos climáticos, da poluição e do desrespeito à Natureza, não se darão em forma da destruição da vida, mas de mudança de comportamento moral e emocional dos indivíduos,

---

4   O Livro dos Espíritos questão 737

convidados uns ao sofrimento pelas ocorrências e outros pelo discernimento em torno da evolução.

Simultaneamente aos flagelos destruidores que fazem parte da mudança natural do planeta, muitos dos acontecimentos têm ocorrido pelo desrespeito à Natureza, fruto do mau uso do livre-arbítrio do ser humano. Contudo, apesar disso, não acontecerá a destruição da vida, conforme deixa muito claro o benfeitor, mas um convite à nossa mudança de comportamento moral e emocional.

Examinemos, também, do mesmo livro *Transição Planetária*, um relato de Philomeno de Miranda, que, após a palestra do mentor Órion, transcrita anteriormente e à qual ele assistiu, retrata as imagens das calamidades físicas e morais posteriores ao grande terremoto seguido de *tsunami*, na Ásia, em 26/12/2004, transmitidas na própria colônia onde ele vive:

[...] Para mim, pessoalmente, aquela era uma noite muito especial. Reflexionando em torno da mensagem ouvida a respeito do futuro da Humanidade, não pude sopitar uma inefável alegria de viver os momentos tão significativos em torno da construção da Nova Era.

Desde as remotas páginas do Evangelho de Jesus, assim como das narrações do Apocalipse, e mesmo antes, existem revelações em torno de um mundo feliz na Terra, após as terríveis flagelações que alcançariam as criaturas e as dilacerações que sofreria o planeta.

Os sucessivos acontecimentos que estarreceram a sociedade, convidando-a à análise em torno das convulsões que sacodem o mundo físico periodicamente, enquanto os atos hediondos de terrorismo e de atrocidade repetiam-se de maneira aparvalhante, eram sinais inequívocos da grande mudança que já estaria tendo lugar no orbe terrestre.

Passados, porém, os primeiros momentos explorados pela mídia insaciável de tragédias, outros fatos se tornavam relevantes, substituindo aqueles que deveriam merecer mais estudos e aprofundamento mental, de maneira a encontrar-se soluções para os terríveis efeitos da poluição da atmosfera, do envenenamento das fontes de vida no planeta...

É verdade que alguns movimentos bradavam em convites à responsabilidade das nações e dos governos perversos, responsáveis pela emissão dos gases venenosos, para logo tomarem vulto os planos de divertimento globais e de novas conquistas para o gozo e a alucinação.

Ainda o pranto das vítimas não secara nos olhos e os efeitos trágicos dos acontecimentos nem sequer diminuíram, e as contribuições da solidariedade eram desviadas para fins ignóbeis, enquanto os sofredores observavam a indiferença com que eram tratados, relegados à própria sorte, após a tragédia que sofreram.

As praias de diversos países do Oceano Índico estavam juncadas de cadáveres, dezenas de milhares jaziam sob os escombros das frágeis construções destruídas e a insensatez turística já planejava novos *pacotes* para os outros paraísos e lugares de lazer e perversão que não foram danificados...

Felizmente, mulheres e homens nobres, organizações e entidades humanitárias sensibilizaram-se com a dor do seu próximo e acorreram com generosidade, oferecendo alguns recursos que podiam diminuir o desespero das vítimas, dos sobreviventes que tinham necessidade de reconstruir os lares e continuar as experiências humanas.

O espetáculo espiritual nas regiões atingidas, no entanto, era muito grave.

De igual maneira, em razão da decomposição dos cadáveres humanos e de animais outros e da ausência de água potável, era grande a ameaça do surgimento de epidemias, e os Espíritos, abruptamente arrancados do domicílio orgânico, vagavam, perdidos e desesperados, pelas áreas onde sucumbiram, transformadas em depósitos de lixo e de destroços, numa noite sem término, pesada e ameaçadora.

Os gritos de desespero, os apelos de socorro e os fenômenos de imantação com outros desencarnados infelizes, constituíam a geografia extrafísica dos dolorosos acontecimentos.

Acompanhávamos os tristes acontecimentos desde nossa comunidade, através de recursos especiais que nos projetavam as imagens terríveis, recolhendo-nos às reflexões do que seria possível contribuir para atenuar tanto desespero e cooperar pelo restabelecimento da ordem.

O banditismo aproveitava-se da situação deplorável para estrangular as suas vítimas, exploradores hábeis negociavam sobre os despojos dos perdidos e alienados, conspirações hediondas forjavam hábeis manobras para a usurpação do máximo daqueles que nada quase possuíam...

Era esse, de alguma forma, o espetáculo horrendo pós-tragédia do *tsunami*.

[...] Enquanto operávamos no mister, tomávamos conhecimento das desencarnações coletivas mais dolorosas, em decorrência das convulsões do planeta em adaptação geológica, a maioria das quais referente a Entidades que já não deveriam renascer no orbe terrestre, transferidas compulsoriamente pela Lei do progresso para um mundo compatível com o seu nível de elevação.

Vale a pena ler o livro *Transição Planetária*, em que, em sua primeira parte, Philomeno de Miranda faz todo um relato de atendimentos de que ele fez parte na Indonésia, após o grande *tsunami*.

Todos esses acontecimentos estão previstos por Jesus e os arquitetos que trabalham sob a sua orientação para preparar o planeta fisicamente para a regeneração. Como diz Philomeno, a maioria dos Espíritos que desencarnarem nessas tragédias não vão mais reencarnar na Terra, rumando para um planeta compatível com o seu grau de evolução.

Percebamos que a descrição que Philomeno de Miranda faz do cenário após o tsunami é o retrato das profecias de Jesus estudadas no capítulo 1. Por isso, é muito salutar que nos preparemos para situações como essas e até mais graves no futuro próximo, elevando nossas consciências para que possamos estar preparados caso passemos por algo semelhante, bem como para podermos ajudar, com as nossas vibrações e ações no Bem maior, aqueles que passarem diretamente por essas situações de calamidade. Que não fiquemos como expectadores passivos, apenas observando! Doemos o nosso quinhão, mesmo que semelhante ao óbolo da viúva, referido no Evangelho de Jesus.

6
O PAPEL DO CONSOLADOR NA REGENERAÇÃO DO PLANETA

Iniciemos as nossas reflexões estudando um texto do livro *Há dois mil anos,* de Emmanuel, psicografia de Francisco Cândido Xavier, páginas 353 a 355. Trata-se de um trecho em que Jesus faz uma conferência para os cristãos que haviam acabado de ser martirizados nos circos romanos. Lívia, esposa de Publio Lentulus, reencarnação de Emmanuel no primeiro século, é um dos Espíritos que está nesse grupo de cristãos martirizados.

[...] Quando a escuridão se fizer mais profunda nos corações da Terra, determinando a utilização de todos os progressos humanos para o extermínio, para a miséria e para a morte, derramarei minha luz sobre toda a carne e todos os que vibrarem com o meu reino e confiarem nas minhas promessas, ouvirão as nossas vozes e apelos santificadores!...

Pela sabedoria e pela verdade, dentro das suaves revelações do Consolador, meu verbo se manifestará novamente no mundo, para as criaturas desnorteadas no caminho escabroso, através de vossas lições, que se perpetuarão nas páginas imensas dos séculos do porvir!...

Sim! Amados meus, porque o dia chegará no qual todas as mentiras humanas hão de ser confundidas pela claridade das revelações do céu. Um sopro poderoso de verdade e vida varrerá toda a Terra, que pagará, então, à evolução de seus institutos, os mais pesados tributos de sofrimentos e de sangue...

Exausto de receber os fluidos venenosos da ignomínia e na iniquidade de seus habitantes, o próprio planeta protestará contra a impenitência dos homens, rasgando as entranhas em dolorosos cataclismos...

As impiedades terrestres formarão pesadas nuvens de dor que rebentarão, no instante oportuno, em tempestades de lágrimas na face escura da Terra e, então, das claridades da minha misericórdia, contemplarei meu rebanho desditoso e direi como os meus emissários: "Ó Jerusalém, Jerusalém!..."

Mas Nosso Pai, que é a sagrada expressão de todo o amor e sabedoria, não quer se perca uma só de suas criaturas, transviadas nas tenebrosas sendas da impiedade!...

Trabalharemos com amor, na oficina dos séculos porvindouros, reorganizaremos todos os elementos destruídos, examinaremos detidamente todas as ruínas buscando o material passível de novo aproveitamento e, quando as instituições terrestres reajustarem a sua vida na fraternidade e no bem, na paz e na justiça, depois da seleção natural dos Espíritos e dentro das convulsões renovadoras da vida planetária, organizaremos para o mundo um novo ciclo evolutivo, consolidando, com as divinas verdades do *Consolador*, os progressos definitivos do homem espiritual.

Vemos que essa conferência proferida pelo Mestre contém, na verdade, a mesma substância exarada no capítulo 24 do "Evangelho de Mateus", que estudamos no capítulo 1, embora sem as alegorias. Jesus repete as mesmas profecias de tudo aquilo que iria acontecer nos séculos vindouros, mas faz uso de uma forma verbal clara, porque se dirige a Espíritos mártires, mais evoluídos, que conseguem compreender sua palavra.

Jesus fala de forma direta sobre o futuro do Cristianismo na Terra e sobre o Consolador que viria no porvir trazido por esses mesmos Espíritos que haviam acabado de se martirizar pelo Cristianismo nascente, dizendo que eles retornariam muitas vezes, pela reencarnação, para dar continuidade à tarefa iniciada até que o Consolador tivesse condição de estar para sempre conosco.

Por isso é que os benfeitores espirituais têm dito que os baluartes das religiões, especialmente do Cristianismo, vão reencarnar para consolidar as divinas verdades consoladoras.

O que temos a ver com isso? Com certeza, nós não somos esses mártires que desencarnaram nessas condições e que reencarnaram várias vezes em missão. Já fomos convidados inúmeras vezes a trabalhar pela instauração do Evangelho na Terra, mas nos rebelamos contra Jesus e contra Deus. Estamos, mais uma vez, sendo chamados como trabalhadores da última hora, no Movimento Espírita, podendo ter contato com a mensagem de Jesus sem alegorias, sem dogmas e sem preconceitos, sem nada, enfim, que possa obstaculizar o nosso trabalho.

Os únicos obstáculos, como já enunciamos, estão dentro de nós mesmos, em forma de preguiça e de indolência, situações em que temos a oportunidade de realizar o trabalho do Bem no limite de nossas forças e não o realizamos. Podemos permanecer assim, mas isso não nos convém. Vale a pena pagar o preço para utilizarmos todos os recursos que nos são oferecidos para realizar o bem, a começar pela nossa própria transformação moral.

Se colocarmos o amor e a compaixão cristãos em nossos corações, fazendo esforços de amor, mansidão e humildade, não precisaremos recear as influências espirituais nem as tentações a nos desviarem da rota, como muitos têm feito, conforme Eurípedes Barsanulfo nos relata no texto que estudaremos a seguir.

A mensagem-alerta, de Eurípedes Barsanulfo, a todos os espíritas, está registrada no livro *Tormentos da Obsessão*, páginas 316 a 324, e foi pronunciada no encontro de despedida de Manoel Philomeno de Miranda, ao final do seu estágio no Hospital Esperança:

[...] O encontro tinha por objetivo agradecer a nossa visita e entreter breves comentários em torno do cristão no mundo, especialmente do cristão-espírita enriquecido pela Terceira Revelação.

Todos concentramos os olhos e a atenção no emérito trabalhador de Jesus que, sem mais delonga, considerou:

— Todo conhecimento superior que se adquire visa ao desenvolvimento moral e espiritual do ser. No que diz respeito às conquistas imortais, a responsabilidade cresce na razão direta daquilo que se assimila. Ninguém tem o direito de acender uma candeia e ocultá-la sob o alqueire, quando há o predomínio de sombras solicitando claridade. A consciência esclarecida, portanto, não se pode omitir quando convidada ao serviço de libertação da ignorância de outras em aturdimento. Somos células pulsantes do organismo universal, e quando alguém está enfermo, debilitado, detido no cárcere do desconhecimento, o seu estado se reflete no conjunto solicitando cooperação. Jesus é o exemplo dessa solidariedade, porque jamais se escusou, nunca se detém, avançando sempre e convidando todos aqueles que permaneciam na retaguarda para segui-lO. Esse é o compromisso do ser inteligente na Terra e no Espaço: socorrer em nome do amor os irmãos que se detêm ergastulados no erro, no desconhecimento, na dor...

A humanidade, desde priscas Eras, tem recebido a iluminação que verte do alto. Nunca faltaram os missionários do Bem e da Verdade conclamando à ascensão, à superação das imperfeições morais. Em época alguma e em lugar nenhum deixou de brilhar a chama da esperança em nome de Nosso pai, que enviou os seus apóstolos ao planeta, a fim de que todas as criaturas tivessem as mesmas chances de autorrealização e de crescimento interior. Todos eles, os nobres Mensageiros da Luz, desempenharam as suas atividades em elevados climas de enobrecimento e de abnegação, que deles fizeram líderes do pensamento de cada povo, de todos os povos.

Foi, no entanto, Jesus quem melhor se doou à Humanidade, ensinando pelo exemplo e dedicação até a morte, e oferecendo carinho até hoje, aguardando com paciência infinita que Suas ovelhas retornem ao aprisco. Apesar de Suas magníficas lições, o ser humano alterou o rumo da Sua proposta de lídima fraternidade, promovendo guerras de extermínio, elaborando castas separatistas, elegendo ilusões para a conquista do reino terrestre... Sabendo, por antecipação, dessa peculiaridade da alma humana, o Mestre prometeu o *Consolador* que viria para erguer em definitivo os combalidos na luta, permanecendo com as criaturas até o fim dos tempos...

E o *Consolador* veio. Ao ser apresentado no Espiritismo, surgiram incontáveis possibilidades de edificação humana, pelo fato de a Doutrina abarcar os vários segmentos complexos e profundos da Ciência, da Filosofia e da Religião, contribuindo em todas as áreas do conhecimento e da emoção para o desenvolvimento dos valores eternos e a consequente consolidação do *reino de Deus* na Terra. Expandindo-se a Codificação kardequiana, as multidões esfaimadas de paz e atormentadas por vários fatores, acercaram-se e continuam abeberando-se na fonte generosa e rica, para serem atendidas, sorvendo os seus sábios ensinamentos.

Quando, porém, deveriam estar modificados os rumos convencionais e estabelecidos a fraternidade, a solidariedade, a tolerância, o trabalho de amor na família que se expande, começam a surgir desavenças, ressentimentos, conflitos, campanhas de perturbação e ataques grosseiros, repetindo-se as infelizes disputas geradas pelo egoísmo e pela vã cegueira das paixões dissolventes, conforme ocorreu no passado com o Cristianismo, destruindo a sementeira ainda não concluída e ameaçando a ceifa que prometia bênçãos. Espíritos uns, possuídos pelo desejo de servir, mergulham no corpo conduzindo expectativas felizes para ampliar os horizontes do trabalho digno, mas, vítimas de si mesmos e do seu passado sombrio, restabelecem as vinculações enfermiças, tombando nas malhas bem urdidas de obsessões cruéis, vitimados e perdidos... Outros mais, que deveriam ser as pontes luminosas para o intercâmbio entre as duas esferas vibratórias, açodados na inferioridade moral, comprometem-se com os vícios dominantes no mundo e desertam das tarefas redentoras... Diversos outros ainda, preparados para divulgar o pensamento libertador, deixam-se vencer pelo bafio do egoísmo e do orgulho que deveriam combater, tornando-se elementos perturbadores, devorados pela ira fácil e dominados pela presunção geradora de ressentimentos e de ódios... A paisagem, que deveria apresentar-se irisada pela luz do amor, torna-se sombreada pelos vapores da soberba e do despautério, tornando-se palco de disputas vis e de promoções doentias do personalismo, longe das seguras diretrizes do legítimo pensamento espírita... Que estão fazendo aqueles que se comprometeram amar, ajudar-se reciprocamente, fornecendo as certezas da imortalidade do Espírito e da Justiça Divina? Enleados pelos vigorosos fios da soberba e da presunção, creem-se especiais e dotados com poderes de a tudo e a todos agredir e malsinar.

Como consequência dessa atitude enferma estão desencarnando muito mal incontáveis trabalhadores das lides espíritas que, ao inverso, deveriam estar em condições felizes. O retorno de expressivo número deles ao Grande Lar tem sido doloroso e angustiante, conforme constatamos nas experiências vivenciadas em nossa Esfera de atividade fraternal e caridosa... O silêncio em torno da questão já não é mais possível. Por essa razão, anuímos que sejam trombeteadas as informações em torno da desencarnação atormentada de muitos servidores da Era Nova em direção aos demais combatentes que se encontram no mundo, para que se deem conta de que desencarnar é desvestir-se da carne, libertar-se dela e das suas vinculações, porém, é realidade totalmente diversa e de mais difícil realização.

Felizmente nos confortam o testemunho de inúmeros heróis do trabalho, os permanentes exemplificadores de caridade, a constância no bem pelos vanguardeiros do serviço dignificante, os ativos operários da mediunidade enobrecida e dedicada ao socorro espiritual, os incansáveis divulgadores da verdade sem jaça e sem prepotência que continuam no ministério abraçado em perfeita sintonia com as Esferas Elevadas de onde procedem.

Quem assume compromisso com Jesus através da Revelação Espírita, não se pode permitir o luxo de O abandonar na curva do caminho, e seguir a sós, soberbo quão dominador, porque a morte o aguarda no próximo trecho da viagem e o surpreenderá conforme se encontra, e não, como se dará conta do quanto deveria estar melhor mais tarde.

A transitoriedade da indumentária física é convite à reflexão em torno dos objetivos essenciais da vida que, a cada momento, altera o rumo do viajante de acordo com o comportamento a que se entrega. Ninguém se iluda, nem tampouco iluda aos demais. A consciência, por mais se demore anestesiada, sempre desperta com rigor, convidando o ser ao ajustamento moral e a regularização dos equívocos deixados no trajeto percorrido. Todos quantos aqui nos encontramos reunidos, conhecemos a dificuldade do trânsito físico, porque já o vivenciamos diversas vezes, e ainda o temos vivo na memória e nos testemunhos a que fomos convocados. Ninguém esteve na Terra em regime de exceção. Apesar disso, bendizemos as dificuldades e as provas que nos estimularam ao avanço e à conquista da paz.

Provavelmente, estas informações, quando forem conhecidas por muitos correligionários, serão contraditadas e mesmo combatidas. Nunca faltam aqueles que se entregam à zombaria e à aguerrida oposição. Os seus estímulos funcionam melhor quando estão contra algo ou alguém. Não nos preocupamos com isso. Cumpre-nos, porém, o dever de informar com segurança, e o fazemos com o pensamento e a emoção direcionados para a Verdade. Como os reencarnados de hoje serão os desencarnados de amanhã, e certamente o inverso acontecerá, os companheiros terrestres constatarão e se cientificarão *de visu*. Jamais nos cansaremos de amar e de servir, tentando seguir as luminosas pegadas de Jesus, que nos assinalou com sabedoria: - *Muitos serão chamados e poucos serão escolhidos.* Sem a pretensão de sermos escolhidos, por enquanto apenas pretendemos atender--Lhe ao sublime chamado para o Seu serviço entre as criaturas humanas de ambos os planos da vida.

Calando-se, visivelmente emocionado, ergueu-se e, nimbado por peculiar claridade que dele se irradiava, exorou a Deus com inesquecível tom de voz:

Amantíssimo Pai, incomparável Criador do Universo e de tudo quanto nele pulsa!

Tende compaixão dos vossos filhos terrestres, mergulhados nas sombras densas da ignorância e do primarismo em que se demoram.

A vossa excelsa misericórdia tem-se consubstanciado em lições de vida e de beleza em toda parte, convidando-nos, estúrdios que somos, ao despertamento para a vossa grandeza e sabedoria infinita. Não obstante, continuamos distraídos, distantes do dever que nos cabe atender.

Apiedai-vos da nossa pequenez e deixai-nos sentir o vosso inefável amor, que nos rocia e quase não é percebido, a fim de alterarmos o comportamento que vimos mantendo até este momento.

Enviastes-nos Jesus, o inexcedível Amigo dos deserdados e dos infelizes, depois de inumeráveis Mensageiros da Luz, ouvimos-Lhe a voz, sensibilizamo-nos com o Seu sacrifício, no entanto, desviamo-nos do roteiro que Ele nos traçou e continua apontando. Tombando, porém, no abismo, por invigilância e leviandade, tentamos reerguer-nos várias vezes, e nos ajudastes por compaixão, sem que essa magnanimidade alterasse por definitivo nossa maneira de ser durante os séculos transatos.

Permitistes que Allan Kardec mergulhasse no corpo, a fim de demonstrar-nos a imortalidade da alma, quando campeava a descrença e a cegueira em torno da vossa Majestade, e também nos fascinamos com o mestre lionês.

Logo depois, porém, eis-nos perdidos no cipoal dos conflitos a que nos afeiçoamos, experimentando sombra e dor, esquecidos das diretrizes apresentadas.

No limiar da Nova Era que se anuncia, permiti que vossa luz imarcescível nos clareie por dentro, libertando-nos de toda treva e assinalando-nos com o discernimento para vos amar e vos servir com devotamento e abnegação.

Excelso Genitor, tende piedade de nós, favorecendo-nos com o entendimento que nos ajude a eliminar o mal que ainda se demora em nós, desenvolvendo o bem que nos libertará para sempre da inferioridade que predomina em a nossa natureza espiritual.

Sede, pois, louvado, por todo o sempre, Venerando Pai!

Eurípedes Barsanulfo é muito claro ao afirmar a necessidade de todos nós espíritas nos compenetrarmos da hora grave que estamos vivendo, fundamental para a preparação para a era nova. Não há mais tempo para ficarmos presos à nossa presunção, em questiúnculas que não trazem benefício algum. O momento nos pede devotamento e abnegação porque há muita dor esperando pelos trabalhadores convidados a trilhar sob a luz do Consolador, e não a se promoverem mais uma vez em detrimento do trabalho com Jesus.

Só existe um caminho seguro: o do amor, da mansidão e da humildade que Jesus preconiza, e que consiste no caminho estreito que conduz à porta estreita. É fundamental, portanto, aceitarmos o convite de Jesus, assumindo que Ele é o caminho para a Verdade e para a Vida.

Estudemos a mensagem de Dr. Bezerra de Menezes, recebida pelo médium Divaldo Franco, em que o autor reafirma a fase de renovação do nosso planeta:

Filhos da alma: Que o Senhor nos abençoe!

A criatura terrestre destes dias, guindada pela ciência e pela tecnologia a patamares elevados do conhecimento, ainda estorcega nas aflições do seu processo evolutivo.

As conquistas relevantes logradas até este momento não conseguiram equacionar o problema da criatura em si mesma.

Avolumam-se os conflitos entre as nações apesar do esforço de abnegados missionários na área da política e da diplomacia internacionais.

Cresce o conflito entre os grupos sociais, nada obstante o empenho de dedicados searaeiros do Bem, tornando-se pontes para o entendimento entre os grupos litigantes.

O espectro da fome vigia as nações tecnológica e economicamente menos aquinhoadas, ameaçando de extermínio larga fatia da população terrestre, não se considerando os milhões de indivíduos que, sobrevivendo à calamidade, permanecerão com sequelas inamovíveis.

A violência urbana, por todos conhecida, atinge níveis quase insuportáveis. E apesar do sacrifício de legisladores abençoados pelo Mundo Espiritual Superior, cada dia faz-se mais agressiva e hedionda, sem arrolarmos os prejuízos dos fatores pretéritos que a desencadearam através dos impositivos restritivos à liberdade individual e das massas.

Não podemos negar que este é o grande momento de transição do Mundo de Provas e de Expiações para o Mundo de Regeneração.

Trava-se em todos os segmentos da sociedade, nos mais diferenciados níveis do comportamento físico, mental e emocional, a grande batalha.

O Espiritismo veio para estes momentos, oferecendo os nobres instrumentos do amor, da concórdia, do perdão, da compaixão.

Iluminou o conhecimento terrestre com as diretrizes próprias para o encaminhamento seguro na direção da verdade.

Ensejou à filosofia uma visão mais equânime e otimista a respeito da vida na Terra.

Facultou à religião o desalgemar das criaturas humanas, arrebentando os elos rigorosos dos seus dogmas e da sua intolerância, a fim de que viceje a fraternidade que deve viger entre todas criaturas.

Cabe a todos nós, aos espíritas encarnados e aos Espíritos-espíritas, a tarefa de ampliar as balizas do Reino de Deus entre as criaturas da Terra.

Divulgar o Espiritismo por todos os meios e modos dignos ao alcance, é tarefa prioritária.

A dor é colossal neste momento no mundo terrestre...

E o Consolador distende-lhe as mãos generosas para enxugar as lágrimas e os suores de todos aqueles que sofrem, mas, sobretudo, para eliminar as causas do sofrimento, erradicando-as por definitivo...

E essa tarefa cabe à educação. Criando nas mentes novas o pensamento perfeitamente consentâneo com o Evangelho de Nosso Senhor Jesus-Cristo, retirando as anfractuosidades teológicas e dogmáticas com que o revestiram, produzindo arestas lamentáveis geradoras de atritos e de perturbações.

Não é possível mais postergar o momento da iluminação de consciência. E o sofrimento que decorre da abnegação e do sacrifício que nos deve constituir estímulos são os meios únicos e eficazes para que seja demonstrada a excelência dos paradigmas e dos postulados da Codificação Espírita.

As criaturas humanas estão decepcionadas com as propostas feitas pelo utopismo que governa algumas mentes desavisadas. Mulheres e homens honestos encontram-se sem rumo, cansados de palavras ardentes e de propostas entusiastas, mas vazias de conteúdo e de significação.

O Espiritismo, meus filhos, é a resposta do Céu aos apelos mudos ou não formulados mentalmente sequer, de todas as criaturas terrestres.

Estais honrados com a bênção do conhecimento libertador. Estais investidos da tarefa de ressuscitar a palavra da Boa Nova, amortalhada pela indiferença ou sob o utilitarismo apressado dos que exploram as massas inconscientes, conduzindo-as para o seu sítio de exploração e de ignorância.

Vós recebestes o chamado do Senhor para preparar a terra, a fim de que a ensementação da verdade faça-se de imediato.

Unidos, amando-vos uns aos outros, mesmo quando discrepando em determinadas colocações de como fazer ou quando realizar, levai adiante o propósito de servir ao Mestre antes que o interesse de cada qual servir-se a si mesmo.

Já não há tempo para adiarmos a proposta de renovação do planeta.

Conhecemos as vossas dificuldades pessoais, sabemos das vossas lutas íntimas e identificamos os desafios que se vos apresentam amiúde, testando-vos as resistências morais.

Não desfaleçais! Os homens e as mulheres, a serviço do bem com Jesus, são as suas cartas vivas à Humanidade, a fim de que todas as criaturas leiam nas suas condutas o conteúdo restaurado do Evangelho, as colocações seguras dos Imortais e catalogadas pelo insigne mensageiro Allan Kardec.

Uma nova mentalidade, uma mentalidade nova vem surgindo nos arraiais do Movimento Espírita. Cada lutador compreende a necessidade de mais integrar-se na atividade doutrinária, a fim de que, com mais rapidez se processe a era de renovação social e moral preconizada pelo preclaro mestre de Lyon.

Não vos faltam os instrumentos próprios para o êxito, a fim de que areis as terras do coração humano, para que desbraveis as províncias das almas terrestres, porfiando nessa ação, sem temerdes, sem deterdes o passo e sem retrocederdes.

Estais acompanhando Jesus que, à frente, continua dizendo:Vinde pois a mim, vós todos que estais cansados e aflitos, conduzindo o vosso fardo e sob as vossas aflições, comigo esse fardo é leve e essas aflições são consoladas, porque eu vos ofereço a vida plena de paz e de felicidade.

Avancemos pois, filhos da alma!

Corações em festa, embora as lágrimas nos olhos; passo firme, inobstante os joelhos desconjuntados, Espírito erecto, não obstante o peso das necessidades.

O Senhor, que nos ama, é nossa força e garantia de êxito.

Nunca vos faltarão os recursos próprios, que vindes recebendo e que recebereis até o momento final e depois da jornada cumprida, para que desempenheis a missão que vos diz respeito hoje e quando a tivestes em épocas transatas e falhastes...

Já não há tempo para enganos. A decisão tomada precede a ação da vitória, e com o amor no sentimento, o conhecimento na mente, tereis a sabedoria de permanecer fiéis até o fim.

Que o Senhor de Bênçãos vos abençoe, amados filhos da alma.

São os votos dos vossos amigos espirituais que aqui estão convosco e do servidor humílimo e paternal de sempre,

Bezerra

(Mensagem psicofônica recebida pelo médium Divaldo Pereira Franco, no encerramento da Reunião do Conselho Federativo Nacional, em 21 de novembro de 2004, na Federação Espírita Brasileira, em Brasília, DF)

Esta mensagem de Dr. Bezerra é uma conclamação a todos nós espíritas, os convidados a trabalhadores da última hora. Conforme diz o benfeitor, a dor é colossal e todos nós militantes no Movimento Espírita, iluminados pela luz do Consolador, somos convocados a auxiliar aqueles que têm menos que nós, como dita a lei de solidariedade, a minimizar as lágrimas, especialmente oferecendo as orientações da Doutrina Espírita, com o intuito de educar o Espírito imortal para as Verdades espirituais. Como sugere o mentor, temos o dever de divulgar as Verdades do Espiritismo por todos os meios. Essa é a maior tarefa que nos cabe neste momento de transição.

O objetivo da Doutrina Espírita é reviver o Evangelho de Jesus em espírito e verdade, e essa meta deve ser, por extensão, também a do Movimento Espírita. Fidelidade, portanto, a Jesus e Kardec, e mãos à obra de divulgação da Doutrina, especialmente pelo exemplo de autotransformação, iluminando as nossas consciências para podermos auxiliar os demais a se autoiluminarem, são deveres que não mais nos é lícito postergar.

Há um cansaço das falas vazias. Por isso, é necessário que a nossa palavra tenha substância, e só nos é possível ter substância quando sentimos no coração aquilo que falamos, resultando nos esforços que envidamos para vivenciar aquilo que expomos.

Portanto a mensagem de Dr. Bezerra é um convite-convocação, porque já não dá mais tempo para viver ilusões. Não há mais tempo para ficarmos pensando nos inúmeros "será que" que criamos para nos distanciar das tarefas que nos cabem: Será que vale a pena? Será que isso tudo é verdade? Será que eu consigo? Será que...?

Para libertação das dúvidas que já não são cabíveis nestes momentos graves da grande transição, é fundamental buscarmos fazer exercícios para raciocinar e reflexionar sobre o sentido da Doutrina Espírita, o Consolador prometido por Jesus, em nossas vidas, a fim de senti-la em nossos corações e de nos transformarmos em tarefeiros que conhecem a Verdade, que a sentem no coração. Libertando-nos com essa Verdade, poderemos usá-la para auxiliar outros corações.

Estudemos outra mensagem da veneranda Joanna de Ângelis, que traz, em outras palavras, as mesmas orientações de Dr. Bezerra, constituindo-se também para todos nós um convite-convocação para perseverarmos no Bem maior:

Jesus: estrela de primeira grandeza

Aqueles dias eram semelhantes aos atuais. Os valores éticos encontravam-se pervertidos pelo poder temporal dos dominadores transitórios do mundo.

A sociedade estorcegava nas aflições decorrentes da prepotência de uns, da perversidade de outros, da ignorância da grande maioria. Louvava-se a força em detrimento da razão. Cantavam-se hinos à glória terrestre com desprezo pelos códigos morais propiciadores de dignidade.

As criaturas submetiam-se às injunções das circunstâncias, tentando sobreviver à tirania dos governantes que mudavam de nome e prosseguiam com as mesmas crueldades. Saía-se de um para outro regime de ignomínia e insânia com a mesma naturalidade. Tudo era lícito, desde que apoiado na governança arbitrária que se impunha. O monstro das guerras contínuas devorava os povos mais fracos, que eram submetidos à escravidão e à morte. A traição e a infâmia davam-se as mãos em festival de hediondez.

Embora Roma homenageasse os artistas, os poetas, os filósofos que iluminavam o século de Otávio, prestigiava com destaque os espetáculos sórdidos a que se atiravam o patriciado e o povo sedentos de prazer e de loucuras. Os seus domínios estendiam-se por quase todo o mundo conhecido, embora temida e detestada. As suas legiões estavam assentadas nas mais diferentes regiões da Terra, esmagando vidas e destruindo esperanças.

O Sol nunca brilhava no planeta sem que estivesse iluminando uma possessão do império invencível. Havia grandeza em toda parte e miséria abundante ao seu lado, competindo vergonhosamente.

Mas hoje também é assim. As glórias da inteligência e do conhecimento, da ciência e da tecnologia confraternizam com a decadência da moral e dos valores de enobrecimento humano. O terrorismo e a guerra encontram-se por toda parte, destruindo vidas e civilizações.

O planeta aquecido e desrespeitado agoniza, experimentando a própria destruição imposta pelos seus habitantes insensatos, embora poderosos...

Os idealistas que amam e os apóstolos do Bem que trabalham pela renovação da sociedade, quando não desconsiderados, são tidos por dementes e alucinados. Enquanto isso, a soberba, a mediocridade, a astúcia tomam conta das multidões que desvairam, impondo os seus códigos de valores perversos que logo são aceitos pelas legiões de criaturas sem norte, destituídas de consciência moral.

Há também, é certo, almas grandiosas que lutam com acendrado amor e sacrifício, a fim de modificar as ocorrências danosas, tentando implantar novos significados psicológicos direcionados à felicidade, mas que são insuficientes para vencer os múltiplos segmentos da sociedade em desconserto.

Admira-se o Bem, mas pratica-se o Mal.

Preconiza-se a saúde e estabelecem-se programas de desequilíbrio emocional, geradores das doenças de vário porte.

O futuro glorioso, decantado pelas conquistas invulgares da modernidade, está sombreado pelo medo, aturdido pela ansiedade e caracterizado pela solidão dos indivíduos que constituem a mole humana.

Naqueles dias difíceis, na Palestina sofrida e submetida às paixões de César e aos caprichos de Herodes, o Grande, nasceu Jesus. Estrela de Primeira Grandeza, que é Jesus, surgiu na noite das estúpidas e escuras ambições dos povos, para iluminar as consciências e despertar os sentimentos de humanidade, como dádiva de Deus respondendo às súplicas dos humilhados e esquecidos.

Passaram os tempos, foram sucedidos os criminosos de então por outros não menos odientos e apesar disso, Sua luminosidade permanece até hoje.

É certo que outros homens e mulheres, tão infelizes quanto aqueles do Seu tempo, procuraram dominar o mundo utilizando-se da Sua claridade, mas, desequilibrados, produziram mais trevas e aumentaram os volumes de dor.

O carro inexorável do Tempo continuou a sua marcha, avançando na direção de outros períodos, enquanto que os apaniguados do Mal, que se apresentaram nos espetáculos de luz, sucumbiram, vencidos pelos tormentos que escondiam nos tecidos da própria crueldade.

Ainda reina muita sombra na Terra. Mas amanhece dia novo. A grande transição de mundo de provas e de expiações para mundo de regeneração, embora ainda assinale a presença do sofrimento e da desordem, do desrespeito pela vida e pela mãe-Terra, caracteriza a chegada de uma Nova Era, impossível de ser detida. O Bem triunfará, sem qualquer dúvida, sobre o Mal. A Verdade vencerá a mentira onde quer que se homizie.

A vida sobrepõe-se à morte, e a espiritualidade, por fim, reinará entre todos.

Conforme sucedeu naqueles dias, Jesus encontra-se, novamente, entre as Suas criaturas, repetindo a sinfonia das bem-aventuranças, conclamando as massas ao despertamento, antes que se agravem as circunstâncias e ocorrências não desejadas.

O Consolador, que Ele prometera já veio e vence, com segurança, as barreiras impostas pela tirania e pelos indivíduos orgulhosos, vazios de sentimentos nobres, conquistando os corações e oferecendo-lhes esperanças de alegrias infindas.

Travam-se lutas acerbas em toda parte. Os argonautas do amor nada temem e multiplicam-se sob a inspiração do Mestre, avançando, estoicos, no cumprimento do dever: renovar a humanidade através da própria transformação moral, que a todos permite neles ver a mensagem luminosa.

Sem dúvida, ainda predominam as trevas ameaçadoras, que a Estrela de Primeira Grandeza vem diluindo de maneira compassiva e misericordiosa.

Faze a tua parte, sem preocupação com o trabalho dos outros. Desincumbe-te do teu dever ante a consciência, servindo ao Consolador, mesmo que te encontres incompreendido e crucificado nas traves invisíveis da perversidade dos áulicos do egoísmo e dos seus servos.

No próximo Natal entoa o teu hino de amor, ajudando ao teu próximo, em memória da Estrela que veio à Terra, para que não mais permaneça a sombra.

Será ideal que todos os dias da tua vida sejam uma homenagem ao Aniversariante esquecido, mas triunfante da maldade humana e da morte que Lhe foi imposta, demonstrando que Ele prossegue contigo edificando o mundo melhor, sem excluídos nem abandonados à própria sorte, porque estará com eles, por teu intermédio, amando-os com enternecimento e carinho.

Joanna de Ângelis

(Página psicografada pelo médium Divaldo Pereira Franco, na noite de 15 de agosto de 2007, no Centro Espírita Caminho da Redenção, em Salvador, Bahia)

Estudemos, a seguir, a última parte da conferência do mentor Órion, transcrita do livro *Transição planetária*, de Philomeno de Miranda:

A fim que o programa seja executado, neste mesmo momento, em diferentes comunidades espirituais próximas à Terra, irmãos nossos, procedentes de nossa Esfera, estão apresentando o programa a que nos referimos, de forma que, unidos, formemos uma só caravana de laboriosos servidores atendendo as determinações do Governador terrestre, o Mestre por excelência.

De todas essas comunidades seguirão grupos espirituais preparados para a disseminação do programa, comunicando-se nas instituições espíritas sérias e convocando os seus membros à divulgação das diretrizes para os novos cometimentos.

Expositores dedicados e médiuns sinceros estarão sendo convocados a participarem de estudos e seminários preparatórios, para que seja desencadeada uma ação internacional no planeta, convidando as pessoas sérias à contribuição psíquica e moral em favor do novo período.

[...] Como em toda batalha, momentos difíceis surgirão exigindo equilíbrio e oração fortalecedora, os lutadores estarão expostos no mundo, incompreendidos, desafiados por serem originais na conduta, por incomodarem os insensatos que, ante a impossibilidade de os igualarem, irão combatê-los, e padecendo diversas ocasiões de profunda e aparente solidão... Nunca, porém, estarão solitários, porque a solidariedade espiritual do Amor estará com eles, vitalizando-os e encorajando-os ao prosseguimento.

Todo pioneirismo testa as resistências morais daquele que se atreve a ser diferente para melhor quando a vulgaridade predomina, razão pela qual são especiais todos esses que se dedicam às experiências iluminativas e libertadoras. Nunca, porém, deverão recear, porque o Espírito do Senhor os animará, concedendo-lhes desconhecida alegria de viver, mesmo quando, aparentemente, haja uma conspiração contra os seus superiores propósitos.

O modelo a seguir permanece Jesus, e a nova onda de amor trará de retorno o apostolado, os dias inesquecíveis das perseguições e do martirológio que, na atualidade, terá características diversas, já que não se podem matar impunemente os corpos como no passado... Isso não implica que não se assaquem acusações vergonhosas e se promovam campanhas desmoralizadoras contra eles, a fim de dificultar-lhes o empreendimento superior. Assim mesmo, deverão avançar, joviais e estoicos, cantando os hinos da liberdade e da fé raciocinada que dignificam o ser humano e o promovem no cenário interior.

Trata-se, portanto, de um movimento que modificará o planeta para melhor, a fim de auxiliá-lo a alcançar o patamar que lhe está reservado.

Quem não se entrega à luta, ao movimento, candidata-se ao insulamento, à morte...

Assim sendo, sob o comando do Cancioneiro das bem-aventuranças, sigamos todos empenhados na lídima fraternidade, oferecendo-nos em holocausto de amor à verdade, certos do êxito que nos está destinado.

Louvando, portanto, Aquele que nos convidou, misericórdia solicitamos.

O mentor aborda a necessidade de que os expositores dedicados preparem estudos e seminários, num esforço internacional, para convidar as pessoas sérias à contribuição psíquica e moral para a nova era de paz e amor.

Uma pergunta pode lhe vir a mente, caro(a) leitor(a): como podemos contribuir psíquica e moralmente nestes tempos da grande transição para a regeneração da Humanidade?

Primeiramente, trabalhando pela própria autotransformação, elevando a própria consciência, e, a partir dessa constatação real de que vale a pena praticar o bem, divulgar os ideais espíritas-cristãos de todas as maneiras possíveis, como o Dr. Bezerra preconiza.

Todos aqueles que se sensibilizarem com a proposta são convidados a colaborar realizando o bem no limite das próprias forças por todos os meios possíveis, tais como pela oração, irradiação amorosa, individual e coletiva, em prol do planeta, realizando cursos, seminários, palestras, estudos sobre o tema da transformação moral da Humanidade.

Analisemos, a propósito, outra mensagem do livro *Transição Planetária*, em que Philomeno de Miranda comenta sobre o papel da Doutrina Espírita no processo da transição planetária:

Era-nos motivo de imenso júbilo podermos acompanhar os procedimentos em torno da grande transição que lentamente se instalava na abençoada Casa terrestre, ensejando a renovação de milhões de Espíritos que ainda se encontravam sujeitos à ignorância das Leis da Vida, assim como outros que permaneciam enrodilhados em compromissos infelizes, de que tinham dificuldade de libertar-se.

Podíamos perceber os numerosos grupos de trabalhadores de nossa esfera e de outras sob o comando superior de Jesus desdobrando-se para criar no planeta a psicosfera compatível às exigências das transformações que se operavam mediante o sofrimento, assim como através do despertamento das consciências pela iluminação do conhecimento e as bênçãos da caridade.

Os Grupos Espíritas afeiçoados à verdade e os trabalhadores responsáveis pela realização do bem geral passavam a receber informações especializadas a respeito da conduta dos seus membros, como aliás sempre ocorreu, de forma que pudessem criar o clima mental e emocional para enfrentar os cataclismos que, por outro lado, aconteciam mais frequentemente, acelerando o processo de crescimento das vidas em amor e paz.

Ciladas habilmente organizadas, estereótipos do prazer e estímulos vulgares às sensações passaram a ser inspirados aos multiplicadores de opinião dos grandes veículos da mídia, de modo a perturbar a marcha do progresso, ampliando a área dos desmandos de toda ordem, especialmente a que diz respeito aos gozos servis e de fácil acesso.

Conclaves insidiosos organizados pelos inimigos do Bem, nas furnas em que se homiziavam, estabeleceram metas de vingança, utilizando-se da política sórdida a que se entregam muitos dos seus membros, ora reencarnados nessa área, como nas religiões, nas artes e noutros setores sociais, a fim de que chafurdem no lodaçal do caos moral, em estímulo negativo aos comportamentos saudáveis, fazendo campear o descrédito, o desrespeito às leis e aos deveres, na volúpia de acumular recursos que não são transferidos com a desencarnação, mas entorpecem os significados elevados da existência espiritual.

Fomentadores de guerras de extermínio, de terrorismo insano, de perseguições às minorias, de deboche e de preconceito, misturaram-se às multidões, inspirando governos e cidadãos às atitudes calamitosas, de modo que a esperança seja deixada à margem sem consideração, e os exemplos nobres se transformem em mensagens de aproveitadores e oportunistas desvairados...

Subitamente pôde-se observar o aumento surpreendente das aberrações, dos crimes hediondos, da violência inclemente e da falta de autoridade para impedi-los ou administrá-los, tornando-os banais e quase desconsiderados.

O vale-tudo que começou a ser estabelecido tem o objetivo de criar o clima de desinteresse pela honorabilidade, pelos valores éticos, pelo respeito à criatura e à sociedade, demonstrando que todos esses significados haviam sido perdidos e uma nova e descontrolada ética passava a ser assinalada como regra de comportamento próprio para estes desditosos dias...

Por efeito, volumosa onda de pessimismo tornou-se dominadora no oceano das existências, e os jovens, principalmente, sem lideranças dignas nem diretrizes de equilíbrio, passaram a ser as vítimas selecionadas pela sua representação de herdeiros do futuro.

As festanças licenciosas, os programas televisivos chulos e vulgares, agressivos e mentirosos, ao lado do cinema e do teatro em lavagem cerebral de que somente o prazer a qualquer preço é que vale a pena, começaram a tornar o proscênio terrestre local de hediondez, de selvageria e de permissividade, que levam à degradação, à exaustão...

Repentinamente, os pais e educadores passaram a ser assaltados pelas dúvidas em torno do significado da formação moral dos filhos e aprendizes, verificando os salários altíssimos com que são remunerados os comportamentos doentios e chocantes em detrimento das profissões dignas e desgastantes daqueles que se exaurem no exercício do dever.

Os dois mundos de vibrações – físico e espiritual – aumentaram o intercâmbio com maior facilidade e o conúbio espiritual inferior começou a fazer-se tão simples que qualquer comportamento mental logo encontra resposta em equivalente sintonia com os Espíritos que se movimentam nessa faixa vibratória. É claro que aquela que diz respeito aos sentidos mais agressivos e sensuais, predomina na conduta generalizada.

Conversando com o amigo Ivon, logo pensamos nas grandes lutas do Armagedom, conforme as velhas anotações bíblicas, que seriam sintomáticas do fim dos velhos tempos, para dar acesso aos novos e ditosos, transferidas do vale das guerras do passado de Israel para todo o planeta atual...

As ameaças de fim do mundo, criando pavores nas mentes e nos comportamentos emocionais mais frágeis, começaram a ser motivo de medo, de ansiedade e de desespero, assim como as propostas em favor do aproveitamento de todas as sensações, como forma de esquecer a vida e suas mazelas, assumiram papel de destaque nos vários grupos sociais...

Médiuns que haviam aceitado compromissos de alta responsabilidade para exercer a faculdade com Jesus, nestes difíceis dias, sem dar-se conta, estão abandonando a vigilância recomendada pelo Mestre e por Allan Kardec, para engalfinhar-se em lutas de competição doentia, buscando lograr posições de relevo, enquanto se fazem instrumentos de Espíritos levianos, que se comprazem em profetismo de terror e revelações confusas, mediante as quais tentam introduzir no movimento espírita as informações inautênticas de que se fazem portadores, gerando incompreensão e desordem.

Agredindo-se, reciprocamente, a troco da vaidade que desdobra em direção do orgulho e da soberba, esquecem-se de servir à Causa Espírita, a fim de servir-se dela, nos seus propósitos conflitivos, que escamoteiam a benefício da exaltação do ego atormentado e insatisfeito.

Campeões da insensatez invadem os grupos sociais e adquirem prestígio mediante a astúcia bem elaborada e a falta de escrúpulos, movimentando-se livremente e empurrando os líderes insanos que avançam no rumo do abismo...

Tudo diz respeito à resposta das Trevas organizadas contra a programação do dúlcido Cordeiro, pacífico e pacificador, que não revida ao mal, prosseguindo com os métodos do amor, no afã de promover o progresso da Humanidade e do seu berço terrícola.

[...] Agora enviava, conforme o prometera, neste momento de tantas aflições, o *Consolador*, que já se encontrava no mundo terrestre há mais de um século, como uma constelação de seres elevados, para que as sombras fossem definitivamente diluídas ante as divinas claridades siderais.

[...] Analisando que essa transformação se operaria em todo planeta, podíamos antever um mundo sem as fronteiras do ódio, sem os separatismos étnicos, que sempre geraram combates impiedosos, sem a miséria econômica portadora de males incontáveis, e, principalmente, sem a miséria moral, que desapareceria dando lugar a novos conceitos em torno dos comportamentos.

Enquanto essa transformação não se realiza, embora esteja em franco desenvolvimento em toda parte, nas sombras dos guetos espirituais inferiores, os inimigos do Bem urdem ataques e tramam vinganças odientas contra as criaturas.

Nesse sentido, tendo em vista serem os espíritas sinceros os novos cristãos, sem nenhum desrespeito a outros tantos servidores do Evangelho de Jesus espalhados no mundo, tanto quanto cidadãos honestos não vinculados a nenhuma denominação religiosa, porém, valorosos e dignos, as baterias da maldade estavam sendo colocadas na sua direção.

É claro que também os indivíduos honestos e de sentimentos elevados não ficavam à margem da ação ignominiosa desses infelizes do Além, por considerá-los obstáculos aos objetivos que abraçam, quais sejam a extinção do Bem, as subjugações e vampirizações coletivas como já se podem observar, porém, em número mais volumoso, à desventura e alucinação nos jogos dos prazeres sórdidos...

Com certeza, embora as armadilhas perversas e as perseguições inclementes, ninguém, que se encontre desamparado, a mercê do mal, exceto quando se permite espontaneamente a vinculação com essas forças ignóbeis...

Deter-nos-emos especialmente na área do movimento espírita comprometido com Jesus e Sua doutrina, alvo primordial de determinados grupos da grei autodenominada como o Mal.

Acercando-se dos médiuns invigilantes, vêm inspirando-os a comportamentos incompatíveis com as recomendações do Mestre Jesus e dos Espíritos superiores através da Codificação kardequiana, estimulando-os a espetáculos em que a mediunidade fica ridicularizada, como se fosse um adorno para exaltar o seu possuidor.

Concomitantemente, fomentando paixões servis nos trabalhadores afeiçoados ao socorro espiritual nas reuniões mediúnicas, fazendo-os crer que estão reencontrando seres queridos de outras existências, que agora lhes perturbam os lares e facilitam convivências adulterinas em flagrante desrespeito aos códigos morais e aos do dever da família...

Fascinação, subjugação, que se iniciam discretamente e roubam o discernimento de muitos, constituem o jogo das Entidades insanas, aproveitando-se das debilidades ainda persistentes na natureza humana...

Além dessas ações nefastas, trabalham pela desunião dos companheiros de lide espiritual, pela maledicência e calúnias bem divulgadas, como se estivessem trabalhando para senhores diferentes e não para Aquele que deu a vida em demonstração insuperável de amor e de compaixão por todos nós.

Em determinadas situações, desencadeiam enfermidades de diagnose difícil, ocultando a sua interferência nos organismos debilitados e carentes de energias, levando ao fosso do desânimo pessoas afeiçoadas ao dever e comprometidas com a fraternidade legítima.

[...] Legiões de dedicados missionários do Bem movimentam-se em toda parte, de forma a atenuar as consequências da imprevidência de uns, do desespero de outros, e na Seara espírita, as advertências dos mentores são contínuas, não as entendendo aqueles que se encontram surdos para a verdade, distraídos para a renovação moral intransferível, volúveis ao compromisso assumido, porque autofascinados, tornam-se modernos Narcisos...

[...] Sempre vigilante, Dr. Silvio nos disse:

– O Espiritismo é uma doutrina séria, que não pode ser utilizada para a frivolidade nem para a autopromoção de qualquer dos seus membros. Representando o *Consolador* que Jesus prometeu, embora seja uma formosa mensagem portadora de alegrias, não se comporta como espetáculo hilariante para divertimento dos frívolos.

Esse texto de Philomeno é praticamente um resumo de tudo o que vimos ao longo dos capítulos deste livro, nos conclamando à seriedade com relação à Doutrina que abraçamos para que ela seja um instrumento de luz em nossas vidas, e não de autopromoção — o que muitos têm feito às custas do Espiritismo e do Movimento Espírita. Ensina-nos o apóstolo Paulo, na 1ª. Epístola aos Coríntios, versículo 6: "Todas as coisas me são lícitas, mas nem todas as coisas me convêm". Podemos agir objetivando promoções, mas as nossas responsabilidades, conforme instrui Eurípedes Barsanulfo, no texto acima, serão imensas e não poderemos alegar ignorância em relação aos ensinamentos.

Com a mensagem seguinte, do Espírito Bittencourt Sampaio, também extraída do livro *Transição Planetária*, reflitamos sobre o papel do Espiritismo e do Brasil na regeneração do planeta:

Irmãos queridos: Guarde-nos Jesus na Sua paz e misericórdia.

As vossas preces alcançaram as regiões felizes, e o anjo benfeitor do Brasil enviou-nos, a fim de receberdes o seu apoio honroso, na bendita realização a que vos entregais.

A pátria do Cruzeiro desempenhará o seu papel cristão no cenário do mundo conturbado da atualidade.

Missionários do amor e da libertação de consciências encontram-se renascidos entre vós com a tarefa de devolver ao mundo a mensagem gloriosa do suave-doce Rabi Galileu, que sofreu as previstas modificações ao longo dos séculos.

Comprometidos com a Verdade, têm a tarefa de viver o que ensinam, trabalhando os metais da alma, de forma a amoldá-los às novas finalidades.

Embora os caminhos ainda permaneçam com espinheirais dominando-os e pedrouços em todo lugar dificultando a marcha, esses peregrinos do dever encontram-se forrados de coragem e de destemor para não se deterem em momento algum, avançando sempre.

Espíritos missionários de outras eras, acostumados à austeridade e à renúncia, inspiram-nos em favor do êxito no desiderato.

Incompreendidos e malsinados, sofrendo escárnio e enfrentando desafios colossais, avançam confiantes no resultado feliz do empreendimento com o qual se comprometeram desde antes do berço.

A sua palavra vibrante e os seus exemplos dignos sensibilizam os públicos que os ouvem e as pessoas que convivem com eles reconhecem que estamos realmente no limiar de um novo tempo de amor, de paz e de verdade.

Não mais os engodos de outrora, nem as louvaminhas da viagem equivocada ao reino da ilusão.

A seriedade e o sacrifício são-lhes as condecorações que carregam nas vestes da alma, identificando-os como seguidores de Jesus, que não teve outra escolha entre a glória mentirosa da Terra e a cruz libertadora que o reconduziu à imortalidade em triunfo.

Percorrem os mesmos caminhos do passado, nos quais deixaram pegadas assinalando crimes e vícios, que ora deverão apagar, sobrepondo as luminosas propostas do amor sem jaça e da verdade sem disfarce...

Vinculados psiquicamente à nossa Esfera, recebem contínuo estímulo para não esmorecerem nas lutas difíceis, nem se desviarem do roteiro que percorrem, animados pelo espírito da alegria e a compensação da paz interna.

Perseguidos pelos adversários da Luz, equipam-se com os instrumentos de defesa, que são a oração e os atos enobrecidos.

Mesmo quando a grande nação brasileira mergulha em abismos de devassidão, de corrupção, de desrespeito aos códigos da justiça e da honradez, fase passageira do seu processo de evolução, Ismael, compassivo, intercede, junto a Jesus, em favor de todos, confiando nos reajustamentos que já se vêm operando com uma nova geração de mulheres e de homens de bem...

Certamente, o mesmo ocorre nos diversos países da Terra, no entanto, ao Brasil coube, por determinação do Mestre incomparável, a tarefa de devolver ao mundo a Sua mensagem de misericórdia e de libertação total.

Porfiai, pois, nos objetivos abraçados, sem jamais temerdes as forças do mal, que se diluem como a neblina ante o calor do Sol da verdade, instituindo o período do amor como essencial para a felicidade de todos.

Tendes sido objeto de ciladas e traições, de testemunhos que guardais em silêncio, nunca revidando ao mal, sempre compreendendo que sois discípulos daquele que não se defendeu das acusações indébitas que lhe foram atiradas na face, sendo-vos, portanto, o modelo a seguir.

Solidão, desapreço, sofrimentos íntimos por anseios que se não converteram em realidade são as injunções a que fazeis jus em decorrência do vosso comportamento em outras passadas reencarnações.

Mantende, hoje, o brilho da alegria e da bondade na face e no sentimento, gerando harmonia onde quer que vos apresenteis.

Nunca experimentareis abandono, nem sofrereis ausência dos vossos guias espirituais afetuosos, que seguem convosco até a conclusão da tarefa encetada, quando retornareis à grande pátria espiritual.

Que o Senhor vos abençoe e vos guarde sempre, vosso irmão e servidor.

Bittencourt Sampaio

A mensagem do benfeitor diz respeito a todos nós que somos os convidados para trilhar os caminhos do Consolador, revivendo o Evangelho de Jesus em espírito e verdade, principalmente em nossos corações, tornando-nos Espíritos melhores para servirmos de exemplificação para outras pessoas que ainda duvidam do poder terapêutico e libertador do Evangelho de Jesus. Como já dissemos, nosso principal compromisso está na autotransformação, libertando-nos dos crimes cometidos outrora, pela força do amor, da abnegação e com devotamento ao Bem Maior.

Ao lado dessa tarefa, individual e intransferível, somos convidados a militar no Movimento Espírita para levar avante o Consolador para toda a gente.

Com o mesmo compromisso, o Brasil ocupa uma posição muito importante. Não é por acaso que o Movimento Espírita floresceu especialmente no país. Trata-se de uma determinação de Jesus, conforme nos diz Bittencourt Sampaio, para que o seu Evangelho seja restaurado e levado para todos os países da Terra.

Portanto, nosso compromisso é duplo: o de nossa autotransformação e, ao mesmo tempo, o de trabalharmos em função do aprimoramento de nossos Centros Espíritas, células do Cristianismo redivivo, revivendo a fraternidade, a solidariedade e a afetividade das primeiras igrejas cristãs, como a de Corinto e Antioquia.

É fundamental que nos tornemos as cartas vivas do Evangelho restaurado, a que se refere o apóstolo Paulo em suas epístolas. Essa tarefa é inadiável.

Como diz o mentor, Espíritos missionários de outras eras nos inspiram e nos assistem com carinho, particularmente Paulo de Tarso, que tem a tarefa de fomentar em todos os corações o retorno à mensagem cristã pura e cristalina dos primeiros tempos.

O Movimento Espírita tem um grande compromisso com essa tarefa, pois é dever de todos nós mantermos acesa a fidelidade à Doutrina Espírita, trabalhando em harmonia com as lições do Evangelho de Jesus e das obras básicas kardequianas.

Jesus está à frente desta grande embarcação chamada Terra a nos fazer um convite-convocação para que possamos auxiliar na grande transição de nosso planeta para mundo de regeneração. Essa é uma tarefa que diz respeito a mim, a você, a todos nós. Reflitamos sempre na oportunidade do compromisso assumido antes de reencarnarmos, e como nos convidam as várias mensagens estudadas ao longo deste livro, peguemos a charrua e sigamos em frente sem olhar para trás.

Essas são as palavras de ordem para todos os espíritas sinceros e verdadeiros nestes momentos de transição.

Sigamos avante, Jesus está no leme!

Referências bibliográficas

FRANCO, Divaldo Pereira. [Pelo Espírito Joanna de Ângelis]. *Jesus e Vida*. Salvador: LEAL, 2007.

_____. *Vitória sobre a depressão.* Salvador: Leal, 2010.

_____. [Pelo Espírito Manoel Philomeno de Miranda] *Tormentos da Obsessão.* 8 ed. Salvador: Leal, 2001.

_____. *Transição Planetária*. Salvador: Leal, 2010.

KARDEC, Allan. *A Gênese.* 37 ed. Rio de Janeiro: FEB, 1944.

_____. *O Evangelho segundo o Espiritismo*. 112 Ed. Rio de Janeiro: FEB, 1944.

_____. *O Livro dos Espíritos.* 83 ed. Rio de Janeiro: FEB, 1944.

NOVO TESTAMENTO. Tradução João Ferreira de Almeida, corrigida e revisada, fiel ao texto original. Campinas: Geo-gráfica, 2000.

XAVIER, Francisco Cândido. [Pelo Espírito Emmanuel]. *A Caminho da Luz.* 9 ed. Rio de Janeiro: FEB, 1978.

_____. *Caminho, Verdade e Vida.* 16 ed. Rio de Janeiro: FEB, 1995.

_____. *Há dois mil anos.* 29 ed. Rio de Janeiro: FEB, 1996.

_____. *O Consolador.* 8 ed. Rio de Janeiro: FEB, 1980.

PROJETO
ESPIRITIZAR
Qualificar e Humanizar para Espiritizar

O **Projeto Espiritizar** tem como objetivo desenvolver proposta da mentora Joanna de Ângelis ao Movimento Espírita, recebida por meio da mediunidade de Divaldo Franco: trabalhar a tríade qualificar, humanizar e espiritizar.

O objetivo do Projeto é aprofundar ações que tornem o Movimento Espírita mais comprometido com a Doutrina Espírita, especialmente com as bases Kardequianas.

Saiba mais detalhes desse projeto acessando o site: www.espiritizar.org

CONHEÇA OUTRAS OBRAS DO AUTOR

Cura Espiritual da Depressão – Este livro convida a todos que têm ou possuem tendência à depressão a refletir a respeito de suas causas e de uma proposta de reeducação espiritual, buscando a libertação desse mal do século XXI.

Energia mental e autocura – É obra que objetiva proporcionar reflexões acerca da vida subconsciente, por meio da qual se busca ser feliz pelo cultivo do hedonismo (em que o prazer a qualquer custo tem primazia), o que resulta em doenças mentais e físicas, como a depressão, a ansiedade generalizada, a síndrome do pânico, as doenças degenerativas e outras.

Fluidoterapia Espírita: Passes e Água Fluidificada – Este livro, fruto de um estudo das obras básicas kardequianas e de obras subsidiárias idôneas que nelas se baseiam, objetiva instigar a reflexão sobre como deve ser desenvolvida a fluidoterapia nos Centros Espíritas, bem como sobre o que é o passe, a água fluidificada e como se fazer a irradiação ou passe a distância. O tema é de grande relevância, pois muitos Centros Espíritas se desviam das seguras orientações do Codificador.

Fora da Caridade Não Há Salvação – O livro traz um convite à reflexão a respeito do significado real de caridade e sua aplicabilidade no Serviço de Assistência e Promoção Social Espírita (SAPSE), uma vez que, de modo geral, no Movimento Espírita ainda se observa muita confusão entre caridade e assistencialismo. É fundamental que, em pleno século XXI, os Centros Espíritas ressignifiquem as suas práticas, de modo a aproximar-se dos postulados básicos da Doutrina Espírita.

Jesus e Kardec – modelos para trabalhadores do Movimento Espírita – Nesta obra são desenvolvidos métodos para qualificar, humanizar e espiritizar o Centro Espírita, por meio dos exemplos de liderança utilizados por Jesus e das obras de Allan Kardec. Trata-se de estudo psicológico transpessoal do ser humano, cujo objetivo é permitir que essa jornada rumo ao Eu profundo se torne factível, facilitando o trabalho daqueles que já perceberam que a única forma de nos tornarmos plenamente humanos se dá através do autoconhecimento e da autotransformação.

Medite e Viva Melhor – Considerada como um guia prático de meditação, essa obra traz em sua estrutura basilar os esclarecimentos necessários, referentes ao exercício de dois tipos mais funcionais de meditação – pelo discernimento e pela visualização, ambos associados à autoiluminação e à vida saudável. Inclui CD com técnica de meditação.

Medite e Viva Melhor 2 – Considerada como um guia prático de meditação, a obra traz em sua estrutura basilar os esclarecimentos necessários referentes ao exercício da meditação. A proposta é abordar os dois tipos mais funcionais de meditação voltados para nós, ocidentais – a meditação do discernimento e a da visualização, ambas associadas à oração, prática que conduz à autoiluminação e à vida saudável, além de estimular a vontade de evoluir, impulsionando o indivíduo para o bem, para o belo e para o amor. Inclui CD com técnica de meditação.

Modelos de Liderança, Trabalho e Autotransformação – Este livro sugere reflexões sobre o momento atual, cuja fase é de profundas transformações com vistas à grande transição da Terra, que passará de planeta de expiações e provas para planeta de regeneração. O leitor é convidado a refletir, também, sobre modelos essenciais: Jesus, arquétipo do amor, e o significado de Ele ser o nosso Modelo e Guia; os grandes exemplos de autotransformação vivenciados por Pedro, arquétipo da transformação da insegurança em autoconfiança para o trabalho no bem; o exemplo de Maria de Magdala, arquétipo da transformação do prazer sensual em prazer de servir; o exemplo de Paulo de Tarso, arquétipo da transformação da onipotência e prepotência em poder com amor.

Parábolas Terapêuticas – Neste livro, o referencial teórico para interpretar as parábolas de Jesus é a moderna ciência da psicologia transpessoal, cuja visão de homem integral – corpo, mente e espírito – auxilia enormemente na compreensão dos conceitos exarados no Evangelho de Jesus.

Psicoterapia à Luz do Evangelho de Jesus – Este livro apresenta as lições insuperáveis do Evangelho de Jesus examinadas à luz da psicologia profunda, com páginas ricas em otimismo e alegria, que possibilitam ao leitor a conquista da autoconfiança, da confiança na vida e na Humanidade.

[...] Hoje, Jesus e o Evangelho reúnem todas as exigências do pensamento psicoterapêutico para tornar a existência física abençoada pela saúde e o ser humano rico de alegrias e de realizações interiores. Desse modo, leiamos com atenção e interesse o presente trabalho que o Dr. Alírio de Cerqueira Filho coloca em nossas mãos para exame, estudo e aplicação dos seus postulados. Joanna de Ângelis (trechos do prefácio psicografado por Divaldo Franco em Salvador – BA, em 31 de março de 2004)

Saúde das Relações Familiares – É o primeiro livro da coleção "Amar é Viver em Família" e tem como objetivo focalizar as disfunções familiares de forma a equilibrá-las, a fim de que se possa construir uma relação familiar saudável, à luz do Evangelho de Jesus.

Saúde das Relações Pais e Filhos – Este livro é o segundo da coleção "Amar é viver em família". Tem como objetivo focalizar as disfunções na relação pais e filhos, discorrendo sobre como superá-las e tornar esse relacionamento saudável. São analisadas várias situações patológicas reais, embora os nomes das pessoas sejam fictícios e as situações tenham sido ligeiramente alteradas, para se preservar a identidade das famílias estudadas. A proposta dessa obra é ajudar a transformar essas disfunções em oportunidades de crescimento da relação entre pais e filhos.

Saúde Espiritual – A causa das doenças, tanto as mentais, quanto as físicas, estão no Espírito doente que ainda somos. Portanto, somente uma ação visando à Saúde Espiritual nos libertará definitivamente das doenças, que, em si mesmas, são caminhos para a conquista da saúde do Espírito, conforme se verá neste livro.

Saúde Existencial: o despertar para a essência da vida – Nesta obra, se focaliza o valor do ser humano, que reside no Ser, em detrimento do ter, do fazer e do parecer. A inversão de valores tem gerado uma crise existencial jamais vista em outros tempos. Devido à fragmentação do ser humano, este tem se tornado um ter humano. Para a sociedade atormentada na qual vivemos, os valores materiais vêm em primeiro lugar. A busca por uma vida puramente materialista tem produzido o que a medicina e a psicologia moderna denominam de doenças de sentido. Depressão, suicídio, alcoolismo, abuso de drogas, doenças degenerativas e outras são, na verdade, pedidos de socorro de uma sociedade carente de valores espirituais próprios da criatura humana, que se sente necessitada de real sentido para a sua existência a fim de torná-la mais saudável. É esse o tema deste livro, o terceiro da coleção Saúde Espiritual.

Os recursos provenientes desta e das demais obras de Alírio de Cerqueira Filho são totalmente revertidos para as atividades doutrinárias da Federação Espírita do Estado de Mato Grosso, especialmente para o Projeto Espiritizar.

Editora Espiritizar – Federação Espírita do Estado de Mato Grosso
Av. Djalma Ferreira de Souza, 260 Setor Oeste | Morada do Ouro
Cep. 78.055-170 – Cuiabá-MT | Tel. (65) 3644 2727
www.editoraespiritizar.com.br | editora@espiritizar.org

www.ingramcontent.com/pod-product-compliance
Lightning Source LLC
Chambersburg PA
CBHW052011090426
42741CB00008B/1648